誰でもわかる
クリティカル シンキング

～それって、ホント？～

若山 昇 著

北樹出版

はじめに

【ワーク０】なぜ、あなたはこのクリティカルシンキングに関する本をご覧になっているのでしょうか[0]。

　クリティカルシンキングは、さまざまな疑問や問題に対処できます。早速、この課題をクリティカルシンキングしてみましょう。
　ここでは、本書で解説する「なぜを何度も投げかける」方法を使ってみます。以下のようになります。

　　　Q1「なぜ、あなたはこのクリティカルシンキングに関する本をご覧になっているのでしょうか？」
　　　A1「購入しようかと、迷っているからです。」
　　　Q2「では、なぜ、あなたは購入しようかと迷っているのでしょうか？」
　　　A2「なぜなら、　　　　　　　　　　　　に興味があるからです。」
　　　Q3「では、なぜ、あなたはクリティカルシンキングにご興味をお持ちなのでしょうか？」
　　　A3「なぜなら、　　　　　　　　　　からです。」
　　　Q4「では、なぜ、　　　　　　　　でしょうか？」
　　　A4「なぜなら、　　　　　　　　　からです。」
　　　Q5「なぜ、　　　　　　　　　　でしょうか？」
　　　A5「なぜなら、　　　　　　　　　からです。」

　この問題に模範解答はありません。なぜなら、クリティカルシンキングでは、正解は一つではないからです。しかし、この方法を用いて自問自答するだけでも、問題をより深く掘り下げて考えることができます。
　クリティカルシンキングを行えば、新たな発想や企画ができたり、コミュニケーションがスムーズになったり、ものごとの本質を見極めることができたり、問題を発見できたり、問題が解決に向かったりします。ですからクリティカルシンキングは、きっと人生も楽しく豊かにすることに役立つでしょう。

＊本書のポジショニング

　さまざまな情報が溢れている現代社会を生き抜くためには、論理的な思考や問題解決は不可欠です。クリティカルシンキングに関する書籍は、入門者用、How to もの、問題解決用のフレーム、MBA 用など、さまざまなものが出版されています。さらに、心理学の

観点から扱う専門的な文献がかなりあります。一般社会人や学生としてクリティカルシンキングが必要とされていますが、それに十分に応えている本は少ないようです。本書はこのニーズに応えるべく、編集されています。

本書ではクリティカルシンキングに興味のある全ての人が一人でも十分に学べるように、できるだけ身近な題材を用いています。演繹法・帰納法に代表される論理的な思考法とその応用、さらに問題発見・解決の方法などを、筆者の10年にわたる教育経験に基づいて、できるだけ分かりやすく解説していきます。

＊本書の構成

第1部は、クリティカルシンキングの基本です。それは以下の3点になります。
Ⅰ．「なぜ？」を何度も投げかけよう
Ⅱ．手で考えよう
Ⅲ．立場を替えて考えよう

第2部では、社会的に関心の高い就活を題材にしてクリティカルシンキングをしています。

＊本書の活用法

本書には、身近な例を用いてさまざまな例題、問題が設定されています。
①まずは、自分で解いてみてください。このときは、解答例を見ないで自分で解けるところまで答えを書いてください。

解答例を見ては、クリティカルシンキングができません。つまり、この本を購入した意義がなくなってしまいます。クリティカルシンキングを行わないと、自分で使える知識として身につきません。必ず問題の解答を見ないで、まず自分で答えを書いてください。

②本書に掲載したクリティカルシンキングのポイントを、是非使えるようにしてください。

例えば、「覚えても、使えなければ、只の無駄。」つまり、学んでも使えないと、本当にもったいないですから。学んだことはあえて実際に使ってみてください。「分かった」⇒「解けた」⇒「使えた」と、意識してステージアップしてください。これも、クリティカルシンキングのポイントとして、掲載してあります。なお、これは本書の「楽しい語録」でも扱っています。

③クリティカルシンキングでは、正解は一つではないこともあります。

各章末に、ワークの解答例やヒントを掲載していますが、そもそも答えがないもの

はじめに

や、答えが複数あることもあります。掲載した解答はあくまで一例にすぎません。したがって、あなたの答えが合っていても、解答例と異なっていることも多いでしょう。正解は必ずしも一つではないことを忘れないでください。

本書は第1章から始める必要はありません。面白いと思うところ、興味があるところから、楽しみながら始めてください。クリティカルシンキングで大切なことは、何といってもまず楽しんで行うことです。なぜなら、無理やり覚えたことは活用できませんから。是非、好きなところから楽しみながら始めてください。なお、本書にある題材の教材化にあたっては、いろいろな方のお話やご教示など、さまざまな情報を参考にしています。本書の「カンニング」の勧めにもあるように、参考文献の開示は極めて重要です。まず「隗より始めよ」とし、本書作成の際において参考にした文献などはできるだけ掲載するように心がけました。

最後に、作成にあたりクリティカルシンキングの研究会でお世話になった東京大学の梶谷真司先生、帝京大学の渡辺博芳先生、上名主巖先生、白鷗大学の赤堀侃司先生、また、さまざまなお話やご教示をいただいた多くの先生方、さらに北樹出版の福田千晶様にお世話になりましたことを、お礼申し上げます。ありがとうございました。

2013年 5月

若山　昇

―――― ■ 解 答 例 ■ ――――

ワーク0．
Q1「なぜ、あなたはこのクリティカルシンキングに関する本をご覧になっているのでしょうか？」
A1「購入しようかと、迷っているからです。」
Q2「では、なぜ、あなたは購入しようかと迷っているのでしょうか？」
A2「なぜなら、クリティカルシンキングに興味があるからです。」
Q3「では、なぜ、あなたはクリティカルシンキングにご興味をお持ちなのでしょうか？」
A3「なぜなら、仕事や勉強などでクリティカルシンキングが必要になるからです。」
Q4「では、なぜ、仕事や勉強などでクリティカルシンキングが必要になるのでしょうか？」
A4「なぜなら、クリティカルシンキングをしないと、時間がかかりすぎたり、正しい結論が出せないからです。」
Q5「なぜ、クリティカルシンキングをしないと、時間がかかりすぎたり、正しい結論が出せないのでしょうか？」
A5「なぜなら、例えば、論理展開を間違えたり、先入観が邪魔して論理的・合理的な結論を導き出せないからだと思います。」

目　　次

■■■■■ **第1部　基礎編：クリティカルシンキングとは** ■■■■■

第1章　「なぜ？」を何度も投げかけよう……10

1. おかしな日本語……10
2. 日常のなぜ——携帯撮影編……12
3. 日常のなぜ——思考編……17
4. ニュースのなぜ……20
5. それって、ホント？　なぜ、本当？……22
6. 「なぜ？」を、何度も投げかけよう……24
7. クリティカルシンキングをやってみよう……28
8. 世界地図の不思議……31
9. 計算機の不思議……33

解答例……37

第2章　手で考えよう……39

1. 演繹法を正しく使おう……39
2. 手で考えよう……43
3. 帰納法を正しく使おう……44
4. 帰納法と演繹法を使ってみよう……47
5. 仮説って何？……48
6. 楽しい語録「一言、言ってよ、楽しい語録」……51
7. MECEとは……52
8. ロジックツリーとは……54
9. マトリックス分析とは……57
10. MECEカード……59

解答例……63

第3章　立場を替えて考えよう……68

1. 前提を疑おう……68
   (1) 暗黙の前提　68
   (2) 前提の間違い　70

⑶一般化しすぎ　73
　　　⑷情報は本質的か？　76
　2．自分の考えを疑おう……………………………………………………79
　　　⑴事例と前提が不一致　79
　　　⑵本当の目的は何か？　82
　　　⑶因果関係と第3変数　85
　　　⑷鵜呑みの危険性　90
　　　⑸論理展開の省略　93
　　　⑹可能性が極めて低い　98
　　　⑺焦らない、慌てない、諦めない　99
　3．推論の罠　応用問題…………………………………………………103
　解答例…………………………………………………………………104

■■■■■ **第2部　応用編：とっても楽しい就活** ■■■■■

第4章　就活をクリティカルシンキングしてみよう
　　　　──とっても楽しい就活──……………………………………112

　1．就活を分析してみよう………………………………………………112
　　　⑴人事部長の期待　114
　　　⑵就職試験で何が分かるの？　115
　2．自己分析をしてみよう………………………………………………121
　　　⑴真面目・不真面目問題　121
　　　⑵君が人事部長なら、今の君自身を採用するか　124
　　　⑶就活と学力　129
　　　⑷学力と就活クリシンカ　131
　　　⑸具体的な分析事例　135
　3．アクション・プランを作成し、実行しよう………………………141
　解答例…………………………………………………………………144

注・引用文献・参考文献………………………………………………148
クリティカルシンキングのポイント一覧………………………………150

第1部　基礎編

クリティカルシンキングとは

> この基礎編は、3つの切り口から構成されています。
> この切り口は、極めて大切で、役に立つ切り口です。
>
> Ⅰ．「なぜ？」を何度も投げかけよう
> Ⅱ．手で考えよう
> Ⅲ．立場を替えて考えよう

CHAPTER I

「なぜ？」を何度も投げかけよう

1．おかしな日本語

　自分は日本人だから、日本語は大丈夫だと思っている人は多いはずです。でも、本当に大丈夫でしょうか？　まずは自分で確認してみましょう。

　私たちは街中でさまざまな表現を目にします。それらの言葉に敏感になりましょう。日常的に見聞きする日本語が適切かどうかを考え、普段から言葉としての日本語に注意するよう、心がけてみましょう[1]。

【1：まず、やってみよう】ポスター、広告、注意書き、日常的に目にするもので、日本語が不適切なものを探して、携帯で撮影してみましょう。

■解答例

【2：疑問を言葉に】では、なぜ、おかしいと感じるのでしょうか？　考えてみましょう。
　■解答例：なぜ、ポイ捨てを早めるのだろうか？　早朝にポイ捨てをしても、問題は解決しないだろう。

【3：どうすればよいか？】おかしいと感じた日本語を正しい日本語にしてみましょう。
　■解答例：「ポイ捨ては、やめてください」と、読点を打てばよい。

　以下に,「おかしな日本語」の解答例をあげます。今度は、あなたが街中に出て、「おかしな日本語」を探して、自分で解答してみてください。

【1：まず、やってみよう】ポスター、広告、注意書き、日常的に目にするもので、日本語が不適切なものを探して、携帯で撮影してみましょう。

■■解答例

(実際に、受講者から提出された写真)

【2：疑問を言葉に】では、なぜ、おかしいと感じるのでしょうか？　考えてみましょう。
　　■■解答例：なぜ、エンジンを止めて前向きに駐車できるのだろうか？　まさか、エンジンを止めてから、人が押すのだろうか？
【3：どうすればよいか？】おかしいと感じた日本語を正しい日本語にしてみましょう。
　　■■解答例：単純に「前向きに駐車。アイドリング禁止。」とすればよい。

【ワーク１：まず、やってみよう】注意書き、ポスター、広告等、日常的に目にするもので、日本語が不適切であるものを探してみましょう。それを携帯で撮影してください。
【ワーク２：疑問を言葉に】では、なぜ、おかしいと感じるのでしょうか？　考えてみましょう。
　　■■解答欄

【ワーク３：どうすればよいか？】おかしいと感じた日本語を正しい日本語にしてみましょう。
　　■■解答欄

「おかしな日本語」は、たくさん見つかりましたか？　クリティカルシンキングを行うには、まず普段から考えること、疑問をもつことが大切です。それにはまず、日常的に目にするものに対して、「んーーっ。チョット、マッタ！」と、立ち止まってみることからはじめましょう。そのときに、「それって、ホント？」「なぜ、ホント？」と自分に問いかければよいのです。それが、クリティカルシンキングのスタートです。

１　「なぜ？」を何度も投げかけよう

> ☆★★ クリティカルシンキングのポイント ★★☆
> 「んーーっ。チョット、マッタ！」と、立ち止まろう。
> 「それって、ホント？ なぜ、本当？」と、問い続けよう。

2．日常のなぜ——携帯撮影編

　まずは、何事にも疑問をもつことが大切です。疑問こそ、クリティカルシンキングの第一歩です。物理学者アイザック・ニュートンは林檎が木から落ちるのを見て、万有引力を発見した、と言い伝えられています。それが真実なら、ニュートンの大発見の第一歩は「なぜ、林檎はひとりでに木から落ちるのだろうか？」という疑問だったといえます。ニュートン自身でさえ、はじめはこの疑問が大発見につながるかどうかは、分からなかったと思います。しかし、この大発見に至るまでには、ニュートンはさまざまな疑問を発し、その疑問一つひとつに対して、答えを見いだし、思考を積み重ねていったのでしょう。

　さて、たとえ大発見には結びつかなくても、日常的にさまざまなことに疑問をもつことは、誰にもできます。疑問こそ、思考の原点といえます。だから、疑問をもち、問題点を発見することが、問題解決に向かう第一歩なのです。それでは、あなたはどうすれば、日常的にさまざまなことに疑問をもつことが、できるようになるのでしょうか？　考えてみてください。

　まず、今日行うべきことは、自分が常識だと信じ込んでいることを、もう一度疑ってみることです。それが、クリティカルシンキングの第一歩です。2)

【ステップ１：まず、やってみよう】なぜ、「お茶碗」というのでしょうか？

【ステップ２：疑問を言葉に】なぜと思った理由は、お茶碗の中に入れるものは、ご飯でありお茶ではないからです。

　日常何気なく使っている単語ですが、気づいていましたか？　考えてみると、奥が深そうです。何か、歴史的な背景がありそうです。

　日本のお茶は、奈良時代に中国から伝わったといわれています。お茶は非日常的な薬として伝わり発達しました。そしてそれを飲むための器にお茶碗という名称が付されました。

　一方、米食の歴史をひもといてみると、初期には土器や土鍋で煮た粥が主体であり、米を焚き込んだ形式のご飯が広まったのは江戸時代以降、お釜（羽釜）が使われるようになってからです。

第1部　基礎編

ご飯を入れる器の形態は、お茶の飲用器「お茶碗」に似ており、この名称が転用され、「ご飯茶碗」になりました。そしてこれが省略されて「茶碗」、さらには「飯碗」ともいわれるようになりました。一方、「お椀」は正確にいえば「汁椀」でしょう。
　では私達の周りを注意してみましょう。食器店やデパートでは、「お茶碗」「お椀」と表示せずに、「飯碗」「汁椀」と、表示していることがあります。

（浅草「やま吉」の店頭にて許可を得て著者が撮影）

日頃から、常に注意深く、疑問をもつようにすれば、日常生活の中でも、新たな発見に出会うことができます。街中の散歩も楽しくなります。
　さて、復習です。クリティカルシンキングをする際に、このお茶碗問題から得られる重要なことは何でしょうか？
　クリティカルシンキングで重要なことは、知識の習得ではありません。それは、常に疑問をもつことです。「なぜ？」「どうして？」と、疑問をもつことが考えることへの第一歩なのです。もし、疑問をもたなければ、発見すべき問題すら見つかりません。疑問をもたなければ、問題発見もなく、問題解決もないので、当然正解も得られないのです。

> ☆★★クリティカルシンキングのポイント★★☆
> 　　常に疑問をもとう。

　つまり、「なぜ？」「どうして？」と考える習慣をつけましょう。しかし、言うは易く行うは難しです。この習慣は一朝一夕には身につきません。ですから、今日から、いえ、今から始めましょう。

> ☆★★クリティカルシンキングのポイント★★☆
> 　　「なぜ？」「どうして？」と考える習慣をつけよう。

> 　　はい！　ティータイム：さらなる疑問
> 　さて、このお茶碗の説明は、説得力があり、納得できますが、本当でしょうか？　さらなる疑問も湧いてきます。
> 　Ｑ１：なぜ、現在の「お茶碗」のことを「お椀」とは呼ばなかったのでしょうか？
> 　Ｑ２：なぜ、現在の「湯呑み」のことを「お茶碗」と呼ばなかったのでしょうか？

1　「なぜ？」を何度も投げかけよう

Q3：お粥が主流だった昔は、その器は一般に何と呼ばれていたのでしょうか？
　疑問は、疑問を呼ぶのです。まず疑問をもつことが、真実を見つける道の第一歩です。さて、Q1、Q2、Q3ともに大変難しい問題であるのは、なぜでしょうか？　それは、あまりに日常的だからでしょう。
　一般的に人は日常にあえて気をとめることをしません。だからこそ日常なのです。日常は漫然と過ぎていきます。しかし、漫然と過ごしていては、クリティカルシンキングを行えません。なぜなら、クリティカルシンキングを行うには、それなりの心の準備がいるからです。まずは「クリティカルシンキングするぞ」と、心の中で準備することが必要です。これは、認知的コストともいわれています。さらに、クリティカルシンキングを行うには、先入観に囚われないことが必要になります。つまり、あなたがもっている日常の「常識」を一度捨ててみて、白紙から、考えなくてはなりません。そこで「日常のなぜ」の練習が大変に役に立つでしょう。

【日常のなぜ、例題1】
【ステップ1：まず、やってみよう】あなたが日常生活の中から、「なぜ？」と感じたことを携帯で撮影してみましょう。そして、その「なぜ？」と疑問に思ったことを書いてみてください（注意：無断で人物を撮影することは、肖像権の侵害になるので止めましょう）。

（JR東日本提供）　　　　　　　　　　（JR西日本提供）

　■解答例：① なぜ、Suica、Icoca、Toica、Pasmo等では、電車賃はまとめて先払いなのに、割引がないのだろうか？
　　② その上、なぜ、500円もデポジットが必要なのだろうか？

【ステップ2：疑問を言葉に】「なぜ」と思った理由を書いてみましょう。
　■解答例：① 定期や回数券は先払いで割引があるから。② 割引すらないのにお金を預けるのは、おかしいから。

【ステップ3：仮説を立てよう】その「なぜ」に対する答えの仮説を立ててください。仮説は、思いついたものから書いてみましょう。
　■解答欄：（ここの答えは、是非自分で考えて、書いてください。）

【ステップ4：仮説の妥当性をチェック】その仮説は、妥当であるかどうか、文献等でチ

ェックしてみましょう。インターネットには、多くの情報がありすぎてどれが正しいのか、戸惑うことも多いです。できるだけ信頼のおける情報を取捨選択して、自分の仮説の妥当性を考えてみましょう。

■解答欄：（ここの答えは、是非自分で調べて、書いてみましょう。）

【ステップ１：まず、やってみよう】 あなたが日常生活の中から、「なぜ？」と感じたことを携帯で撮影してみましょう。そして、その「なぜ？」と疑問に思ったことを書いてみてください（注意：無断で人物を撮影することは、肖像権の侵害になるので止めましょう）。

■解答例：なぜ、新聞に全面広告があるのだろうか？

【ステップ２：疑問を言葉に】「なぜ」と思った理由を書いてみましょう。

■解答例：新聞の目的はニュースの報道であり、宣伝ではないからだ。一面同じニュースということはほとんどないのに、全面広告はしばしば目にする。新聞の目的は報道であり、宣伝ではないので、本末転倒ではないか？

【ステップ３：仮説を立てよう】 その「なぜ」に対する答えの仮説を立ててください。仮説は、思いついたものから書いてみましょう。

■解答例：多分、広告がないと、新聞社は儲からないから、全面広告を載せるのだろう。

【ステップ４：仮説の妥当性をチェック】 その仮説は、妥当であるかどうか、文献等でチェックしてみましょう。インターネットには、多くの情報がありすぎてどれが正しいのか、戸惑うことも多いです。できるだけ信頼のおける情報を取捨選択して、自分の仮説の妥当性を考えてみましょう。

■解答例：新聞はニュースを正確に報道する使命がある。広告依頼主の意向が強くなると、報道の自由や正確さに、マイナスの影響を与えかねない。だから、広告がない方が、メディアの中立性が保てるはずだ。したがって、広告は論理的には、また理想的には載せるべきではない。
　　　購読料だけで運営するビジネスモデルの可能性を、検討する価値があるかもしれない（以下、自分で考えてみてください）。

【ステップ１：まず、やってみよう】 あなたが日常生活の中から、「なぜ？」と感じたことを携帯で撮影してみましょう。そして、その「なぜ？」と疑問に思ったことを書いてみてください（注意：無断で人物を撮影することは、肖像権の侵害になるので止めましょう）。

■解答例：視覚障がい者のための点字ブロックは、なぜ、ホームの縁にこんなに近いのだろうか？

【ステップ２：疑問を言葉に】「なぜ」と思った理由を書いてみましょう。

■■解答例：現状のように身体障がい者用のホームガイドがホームの縁に近すぎると、転落や電車との接触も起こりやすく、さらにラッシュ時には危険が増すから。

【ステップ3：仮説を立てよう】

■■解答例：おそらく、ラッシュアワー等の混雑時は、身体障がい者は乗らないことを前提に設計をしているのだろう。具体的な設置基準が、規則か行政指導で決まっているのだろう。

(JR東日本提供)

【ステップ4：仮説の妥当性をチェック】

■■解答例：ホームの縁付近の場所と、ホームの縁から遠い場所の、2カ所に点字ブロックが設置されているようだ。2カ所の点字ブロックは形態が異なるので意味することが違うのだろう（以下、自分で調べて、書いてください）。

さて、ここまで、自分で答えを出さずに読んでしまった方へ。

読むだけでは、実力はつきません。畳水練にしかならないのです。いくら畳で水泳の練習をしても上達しないように、クリティカルシンキングも、実際に自分でやってみないと実力がつきません。是非、前の14ページに戻ってみましょう。今度はヒントなしで、自分で「日常のなぜ」の各設問にチャレンジしてみましょう。

【ワーク4：まず、やってみよう】あなたが日常生活の中から、「なぜ？」と感じたことを携帯で撮影してみましょう。そして、その「なぜ？」と疑問に思ったことを書いてみてください（注意：無断で人物を撮影することは、肖像権の侵害になるので止めましょう）。

【ワーク5：疑問を言葉に】「なぜ」と思った理由を、書いてみましょう。

第1部　基礎編

【ワーク６：仮説を立てよう】その「なぜ」に対する答えの仮説を立ててください。仮説は、思いついたものから書いてみましょう。

【ワーク７：仮説の妥当性をチェック】その仮説は、妥当であるかどうか、文献等でチェックしてみましょう。インターネットには、多くの情報がありすぎてどれが正しいのか、戸惑うことも多いです。できるだけ信頼のおける情報を取捨選択して、自分の仮説の妥当性を考えてみましょう。

> ☆★★クリティカルシンキングのポイント★★☆
> 常に疑問をもとう！「なぜ？」「どうして？」と考える習慣をつけよう。

> はい！ ティータイム
> さて、ではクリティカルシンキングとは、何でしょうか？
> ＊何を信じ何を行うかを決定することを中心にした、合理的な思慮深い考察（Ennis 1993）
> ＊物事を正しい方法で正しいレベルまで考えること（グロービス 2005）
> ＊適切な基準や根拠に基づく、論理的で、偏りのない思考（廣岡ほか 2000）
> ＊先入観に囚われず、論理的に考え、合理的な決定を導き出す能力と意思（若山 2009b）
> 「クリティカル」は、「批判的」と訳されることがあります。これは相手を批判することでなく、自分の考えを「批判的」に省察することを意味しています。クリティカルシンキングを習得するには、まずはじっくりと、そして深く考えることが必要になります。

3．日常のなぜ——思考編

ここは、「2．日常のなぜ—携帯撮影編」と、基本的には同じやり方です。ただし今回は、ただ携帯で撮影せずに、頭の中で考えましょう。[3]

【ステップ１：まず、やってみよう】あなたの日常生活の中から、「なぜ？」と疑問に思ったことを書いてみましょう。

【ステップ２：疑問を言葉に】「なぜ」と思った理由を、書いてみましょう。

【ステップ３：仮説を立てよう】その「なぜ」に対する答えの仮説を立ててください。仮説は、思いついたものから書いてみましょう。

【ステップ４：仮説の妥当性をチェック】その仮説が、妥当であるかどうか、文献等でチェックしてみましょう。インターネットには、多くの情報がありすぎて、正しい情報を見つけ出すのはなかなか難しいものです。できるだけ信頼のおける情報を取捨選択して、自分の仮説の妥当性を考えてみましょう。

【ステップ１：まず、やってみよう】できるだけ多く「日常のなぜ」をあげてみましょう。いくつ見つかりましたか？　以下に掲げる例は、ほんの一部にすぎません。

【似ているものの「なぜ？」】
* 斧（おの）と鉞（まさかり）と鉈（なた）は、なぜ、似ているのだろうか？　どこが、どう異なるのか？
* なぜ、車内における喫煙は禁止されているのに、車内におけるイヤホンからの音漏れは、禁止されないのだろうか？　音と煙はどこがどう異なるのだろうか？
* 紙幣は図柄で表裏が分かりやすいのだが、なぜ、コインは図柄では表裏が分かりにくいのだろうか？

【食べ物の「なぜ？」】
* なぜ「カレーライス」と「ライスカレー」は変わらないのか？　なぜ、「茶そば」と「そば茶」は全く別なものなのだろうか？
* なぜ、葛餅（くずもち）でも葛（くず）が入ってないのか？　なぜ、蕨餅（わらびもち）でも蕨（わらび）が入っていないのか？　なぜ、片栗粉（かたくりこ）でも片栗（かたくり）が入ってないのか？　なぜ、ソーダ水でもソーダが入っていないのか？　さらに、なぜ沖縄そばでも蕎麦（そば）が入ってないのか？　これらが、平然として売られているのは、なぜだろうか？　表示に問題はないのだろうか？

【価格の「なぜ？」】
* インスタントコーヒーは、なぜコーヒー豆のコーヒーより安いのだろうか？
* なぜ、オレンジ100％ジュースは、みかんやオレンジより安いのだろうか？　外国産なのに。
* なぜ、牛丼店のけんちん汁120円は、天然水（ミネラルウォータ500cc　140円）より安いのだろうか？

【言葉の「なぜ？」】
* なぜ鳩（はと）時計と呼ぶのだろうか？　飛び出る鳥は、鳩ではないのに。カッコウ時計ではないか？

＊なぜ、「お湯を沸かす」というのだろうか？「水を沸かす」ではないだろうか？
＊なぜ七五三というのだろうか？　成長を祝うなら三五七ではないか？

【ことわざ、言い伝えのなぜ】
＊猿と人のDNAはほとんど同じであるが猿は人より毛が3本少ないといわれている。なぜ、人は猿より髪の毛が3本多いといわれるのか？
＊夜口笛をふくと、蛇（妖怪、お化け、泥棒）が出るといわれている。それは、なぜだろうか？
＊ミョウガを食べると物忘れする、反対に、イチョウ葉のエキスを飲むと頭がよくなるといわれている。なぜだろうか？　そもそも本当なのか？

【社会科の「なぜ？」】
＊なぜ、わが国の名称「日本」の読み方は、ニッポンとニホンがあるのか？　正式名称はどちらだろうか？　どちらでもよいという判断はあるのだろうか？　そうだとすれば、そのような国は他にあるだろうか？　また、なぜ、ニッポンとJapanは音が似ているのか？
＊なぜ、多くの日本人は「マイムマイム」を踊ることができるのだろうか？　どこの国の踊りなのだろうか？

【当たり前だが、難しい「なぜ？」】
＊なぜ，早起きはしにくく，寝坊はしやすいのだろうか？
＊なぜ、通勤電車はあんなに混むのだろうか？　自動車では定員は厳守されるが、電車では定員をオーバーしてよいのだろうか？　船舶や航空機の場合はどうなっているのだろうか？
＊なぜ、飛行機も船も、進行方向左側から乗るのだろうか？　車と同じく左側通行なのか？　でも、アメリカでも、進行方向左側から乗る。

さて、復習です。なぜ「日常のなぜ」を、行うのでしょうか？

① まずは、自分の言葉で、自分で書いてみましょう。② その後で、その内容が正しいかを考えてみましょう。疑問をもつことは、問題発見・解決に不可欠であり極めて重要です。ですから、日常から疑問をもつ習慣をつけましょう。

> ☆★★ クリティカルシンキングのポイント ★★☆
> 「日常のなぜ」は、クリティカルシンキングの第一歩。
> 普段から、「日常のなぜ」を探してみよう！
> まずは、仮説を立ててみよう！
> その仮説は、妥当か、チェックしてみよう。

「クリティカルシンキングのポイント」は、覚えるだけでなく、いつでもどこでもすぐに活用できるようにしましょう。いくら丸暗記しても、使えなければ意味がないのです。習得した知識・知見は、必要なときにすぐ活用できてこそ価値があるのです。そのために、今日から実践することによって身につけてください。そもそも人はよく間違えるものです。間違いをおそれず実際に活用して自分の力にすることが大切です。

> ☆★★ クリティカルシンキングのポイント ★★☆
> 「クリティカルシンキングのポイント」は、実践しながら身につけよう！

> はい！　ティータイム：「日常のなぜ―携帯撮影編」を募集
> 　ここで、読者の撮影した「日常のなぜ」を募集いたします。是非、実際に撮影して送ってください。優秀作品は、ご本人の了解と出典を明記の上、当書籍の次回改訂時に掲載いたします。
> 　また本書に対するみなさまのご意見・ご感想を、併せてご記入いただければ幸いです。下のメールアドレス（QRコード利用可 Wakayama.class@pobox.com）にお送りください。よろしくお願いいたします。
>
>

4．ニュースのなぜ

　あなたは、よくニュースを見ていますか？　新聞のどこをよく読んでいますか？　社会のさまざまな現象に対して、自分の意見・考えをもっていることは、必要でしょう。社会人でも学生でも、相応の洞察力が求められます。では、どのようにしたら、洞察力が身につくでしょうか？[4)]

【ワーク8：まず、やってみよう】 最近1ヵ月で、関心をもったニュースは何ですか？ 3件以上あげてください。なお、解答は箇条書きにしてください。さらに、最も関心をもったニュースの番号を○で囲んでください。

■■解答欄

【ワーク9：疑問をもつ】 番号を○で囲んだニュースの内容に関する疑問点と、その疑問

第1部　基礎編

点に対する答えの仮説を述べてください。
　　■■■解答欄
　　　＊疑問点：

　　　＊答えの仮説：

【ワーク10：意見をもつ】番号を○で囲んだニュースの内容に関する問題点と、その問題点に対するあなたの意見を述べてください。
　　■■■解答欄
　　　＊問題点：

　　　＊あなたの意見：

　まずは、自分の言葉で、自分で書いてみましょう。その後で、その内容が正しいかを考えてみましょう（これは、各自できちんと書いてください。あなたが、きちんと書ければ、それが正解です。なお、念のため自己採点をしてみましょう）。

　さて、あなたは「ニュースのなぜ」に的確に答えられましたか？　難しいと感じた人は多いでしょう。では、なぜ難しいと感じたのでしょうか？

　普段から疑問をもってニュースを見ていますか？　ニュースを見るとき、「なぜだろう？」と考えていますか？　一般的に、興味があることには、自然と疑問や質問が湧いてきます。興味をもたないことには、疑問も質問もありません。興味が湧かなければ、関心が薄れるだけです。世の中のことに関心が薄れれば、当然、世の中のさまざまなことが、理解できなくなります。ですから「なぜだろう？」と考えるには、まず興味をもつことが必要になります。

　また、こういった態度は非常に重要です。例えば、あなたが新たに仕事に就くとしましょう。人事部長は、どちらの人が頼りになると考えるでしょうか？　世の動きに関心をもつ人ですか？　あまりもたない人ですか？

　それは、世の動きに関心をもつ人だといえます。なぜなら、会社や社会は、常にアンテナを張りさまざまな情報を的確にとらえながら、自分で深く考えることができ、かつ、自分自身の意見をもてる有能な人材を、必要としているからです。ならばこそ、クリティカルシンキングが重要になるのです。

　では、自分で書いた「ニュースのなぜ」を採点してみましょう。さらに、問題点、疑問点を仲間と一緒に考えてみましょう。

【ニュースのなぜを自己採点してみよう】
【ステップ1：まず、やってみよう】最近1ヵ月で、関心をもったニュースは何ですか？

３件以上あげてみよう。なお、解答は箇条書きにしよう。さらに、最も関心をもったニュースの番号を○で囲もう。

⇨３件以上あげられましたか？

【**ステップ２：疑問をもつ**】番号を○で囲んだニュースの内容に関する疑問点と、その疑問点に対する答えの仮説を述べてみよう。

⇨疑問点は「なぜ、……か？」と、疑問点が明確になっていますか？　また答えの仮説は仮説の形式になっていますか？（おそらく……であろう。……と考えられる。他）学生なら学生らしく、社会人なら社会人らしく、十分に考察した内容になっていますか？

【**ステップ３：意見をもつ**】番号を○で囲んだニュースの内容に関する問題点と、その問題点に対するあなたの意見を述べてみよう。

⇨問題点は「……が問題点である」と、問題点が明確になっていますか？　また、あなたの意見・考えが明確に記述されていますか？　その考えは、ステップ２の疑問点に対する意見になっていますか？　学生なら学生らしく、社会人なら社会人らしく、十分に考察した内容になっていますか？

　可能ならば友人等、他の人と一緒にやって、答案を交換してお互いに採点してみましょう。これも練習です。恥ずかしがる必要は、全くありませんから。

　さて、「ニュースのなぜ」の必要性は分かりましたか？　それでは、今後何をしたらいいのでしょうか？

> ☆★★ クリティカルシンキングのポイント ★★☆
> どんなニュースにも興味や疑問をもとう。
> 普段から興味・疑問をもって情報を得よう。

５．それって、ホント？　なぜ、本当？

　まず、次の課題に挑戦してください。

【**ワーク11**】もし、あなたが厚生労働大臣なら、以下の特徴のある食物は規制の対象になると思いますか？　その理由は何ですか？

　この食べ物については、以下の全てのことが報告されています。

＊受刑者の90％以上が、その罪を犯す以前によくこの食べ物を口にしている。

＊性犯罪事件の60％以上は、この食べ物を口にしてから24時間以内に起きている。

＊この食べ物がよく口にされている国内の一部の地域では、人口が大きく減少している。

＊この食べ物を口にする人のほとんどが、科学的に重要な事実と意味のないデータの区別がつかない。

＊この食べ物を新生児や高齢者が口にすると、のどに詰まったり、窒息することが、多数報告されている。
＊18世紀には、この食べ物は水に溶けた状態で摂取されており、その頃の平均寿命は50歳程度であり、天然痘、赤痢、コレラなどの疫病で多くの死者が出た。
＊この食べ物をよく口にした子どもの半数は、テストが平均点以下である。
＊この食べ物はいわゆる中毒症状を引き起こすと報告されている。被験者に最初はこの食べ物と水を与え、後に水だけを与える実験をすると、２日もしないうちにこの食べ物を異常に欲する。5)

■■解答欄

これは、とても間違いやすい推論の罠です。多くの人が間違えます。正解に行きついた人は、以下の解説を飛ばして進んでください。それでは、答えを間違えた人は、次の問題をやってみてください。

【ワーク12】なぜ、間違えてしまったのでしょうか？　考えられる理由を、箇条書きにしてください。答えは一つではありません。

■■解答欄

【ワーク13】それでは、どのようにしたら、「ミスリードしてしまう情報」や「インチキくさい情報」に、騙されないようになるでしょうか？　箇条書きにしてください。答えは一つではありません。

■■解答欄

単に直感だけで判断せず、クリティカルシンキングをしっかり行うことが大切です。クリティカルシンキングとは、簡単にいえば、物事を正しい方法で正しいレベルまで考えることです（グロービス 2005）。日常生活やビジネスにおいて、正しい方法で正しいレベルまで考えることは、極めて重要です。

では、「正しい」とは具体的にはどうすればよいのでしょうか。もう少し詳しい定義をみてみましょう。クリティカルシンキングとは、先入観に囚われず、論理的に考え、合理的な決定を導き出す能力と意思（若山 2009b）とされています。この場合、先入観に囚われ

ない練習が必要です。そこで、また例の「クリティカルシンキングのポイント」の登場です。普段から次のアクションを実行してみてください。

> ☆★★ クリティカルシンキングのポイント ★★☆
> 「それって、ホント？ なぜ、本当？」と、問い続けよう。

6.「なぜ？」を、何度も投げかけよう

「なぜ？」を、何度も投げかけることで、深く掘り下げることができ、問題の本質がみえてきます。早速、試してみましょう。

次の会話を読んで、以下の問いに答えてみてください。
真子「① なぜ、鯨を捕ってはいけないの？」
クリ雄「それは、ルールで決まっているからさ。」
真子「では、② なぜ、そんなルールがあるの？」
クリ雄「それは、鯨は賢い動物で、捕獲するのは、かわいそうだから。」
真子「では、③ なぜ、鯨が賢い動物といえるの？ 他の動物はどうなの？」
クリ雄「鯨は魚とよく似ているけど、本当は魚じゃないんだ。哺乳類で人間と同じ仲間だからね。鯨同士で話ができるらしい。頭がいいからね。」
真子「でも、牛も哺乳類でしょう。④ なぜ、牛は食べてもいいの？ 牛は賢くないの？」
クリ雄「牛は、飼育可能だからね。牛は産業動物なんだ、つまり家畜。」
真子「牛は賢くないの？」
クリ雄「もちろん、牛も賢いさ。」
真子「では、飼育可能かどうかと、賢いかどうかは、全く別の話でしょう？ ⑤ なぜ、飼育可能かどうかということが、賢いかどうかよりも、重要なの？」
クリ雄「難しい質問だね。『鯨賢明説』よりも『牛飼育可能説』の方が、説得力がありそうだね。」
真子「そうだわ。ホントの問題は、賢いかどうかでなくて、飼育できるかどうかなんだわ。でも、なぜ、議論のポイントがすり替えられてしまうのでしょうかね。」

【ワーク14】
① この会話では、物事を深く考える手法として、どのようなことをしていますか？ この進展から、どのようなことが言えるでしょうか？
② この会話にタイトルを付けてください。

■■解答欄

では、質問を変えましょう。この Q&A で、捕鯨の問題を深く掘り下げることができましたか？ 「なぜ？」と何度も投げかけることにより問題を深く掘り下げることができますね。

これは、大勢の場合でも一人の場合でもできます。可能ならば、できるだけ多くの人の知識と知能とを集めましょう。きっと問題に対する疑問が深く掘り下げられていき、おのずと理解が深まるはずです。また、多くの人の知識・知能を集めると、答えにたどり着きやすくなります。これは、みなさんも経験があるでしょう。考えるためにも、知識量・経験量は重要な要素なのです。だからこそ、無意味とも思えてしまうようないろいろな事項を学校で学んできたのです。

とにかく、どのような疑問でも答えが出なければ、「なぜ？」を、何度も投げかけて、掘り下げてみましょう。

次の会話を読んで、以下のワークに答えてみてください。
真子「ところで、鯨は食べてはいけないのに、① なぜ、鰻や鮪は食べていいの？　鰻や鮪は育てられるの？」
クリ雄「鰻は養殖できるよ。とはいえ、『養殖鰻』といっても、実際は稚魚から育てているだけだね。そうだね。うなぎの完全養殖は、不可能に近いね。人工孵化は研究されているけど、困難で、現在の段階ではとてもとても商売にならないらしい。その意味では、鰻も産業動物とはいえないね。鮪の完全養殖も研究はされているけれど、完全養殖の鮪が一般的になるのはまだこれからで、商業化されてない。」
真子「完全養殖が一般的でないとすれば、それは鯨と同じなのに、②なぜ食べてもいいの？　やっぱり、鰻や鮪は賢くないから、食べてもいいの？」
クリ雄「そうだね。でも③ なぜ、鰻や鮪は、鯨より賢くないと言えるのだろうか？　誰が決めたんだろうね？　鰻や鮪と、鯨の能力比べの試験をしたのかな？　簡単には比べられないし、そもそも賢さの判断基準は、いろいろと考えられるから、そう簡単に比較できるはずがない。ところで、能力のことより、決定的な違いがあるよ。鯨は、家族がいるけど、鰻や鮪はいない。」
真子「そうね。だけど、それならば、④ なぜ家族がいなければ食べてもよくて、家族がいれば食べてはいけないのかしら？　残された家族がかわいそうだからかしら？」
クリ雄「そうだね、チョット考えてみよう。産業動物の牛や豚だって、家族はいるよね。『家族有無説』は、あまり説得力がないようだね。」
真子「じゃ、⑤ なぜ、『牛飼育可能説』は、OK なの？」
クリ雄「難しいな。」

真子「ヒトは、結構自分の好き勝手なことばかり言って、好き勝手な理屈を付けているのかしら？　あまり論理的とはいえないわ。」

クリ雄「単に『鯨はダメ』の理由づけかもしれない。それは、ヒトが食物連鎖の頂点にいて、食物連鎖で動物を牛耳っているから、こんな屁理屈を言えるんだろうね。しかし、ヒトは何も食べなければ、死んでしまう。この認識を前提にヒトはどうすればよいのかを、再度しっかり議論する必要があるね。その際には論理的に考えるべきだね。」

【ワーク15】
① この会話では、議論を深める手法として、どのようなことをしていますか？
② この会話にタイトルを付けてください。

■■解答欄

「なぜ？」と何度も投げかけて掘り下げることで、問題の本質に迫ることができます。そのためには、できるだけ既成概念・先入観に囚われず、広い自由な発想で解答を探ってみてください。また、できれば一人でなく、友人と議論することをお勧めします。議論をすることで、疑問を掘り下げやすくなり、理解が深まります。こうすることで、問題発見や問題解決が可能になります。

さて、今度はあなたの出番です。あなた自身で挑戦してみましょう。

【ワーク16】
「なぜ？」と思ったことを、友達に質問してみましょう。もし、友達が近くにいなければ、自問自答してください。

例：「なぜ、腹がへるのか？」「なぜ、働くのか？」「なぜ、振られたのか？」「なぜ、早起きは辛いのか？」等……自作の疑問をまず書いてください。

Q：なぜ、　　　　　　　　　　か？

その答えの仮説を、友達から得てください。友達が近くにいなければ、自問自答してみましょう。答えは、仮説ベースでOKです。

A：

【ワーク17】
その答えに対して、「なぜ？」と質問しましょう。

Q：なぜ、　　　　　　　　　　　　　　　　　　か？

その答えを友達に聞いてみましょう。

A：

【ワーク18】この繰り返しです。その答えに対して、「なぜ？」と質問しましょう。
Q：なぜ、　　　　　　　　　　　　　　　　　　　　　か？

その答えを友達に聞いてみましょう。
A：

【ワーク19】その答えに対して、「なぜ？」と質問しましょう。
Q：なぜ、　　　　　　　　　　　　　　　　　　　　　か？

その答えを友達に聞いてみましょう。
A：

【ワーク20】その答えに対して、「なぜ？」と質問しましょう。
Q：なぜ、　　　　　　　　　　　　　　　　　　　　　か？

さらに、その答えを、友達から得ましょう。
A：

　では、この手法「なぜを、何度も投げかけて掘り下げる」ことを、習慣づけるためには、まず、どうすればよいでしょうか？
　先に説明したように、日頃から物事に対して疑問や関心をもち、先入観に囚われないようにしながら、間違ってもいいから考えてみましょう。さらに疑問に思ったことは、調べたり友人と議論してみましょう。また「クリティカルシンキングのポイント」を作り、トイレに貼ったり持ち歩いたりして常に見えるようにして、普段から思い出して実行すれば身につきます。

【ワーク21】それでは、この問題解決の思考法を身につけるために、今回はあなたが、「クリティカルシンキングのポイント」を作ってください。自分で作るのですから、一生忘れない、ユニークな、「クリティカルシンキングのポイント」を作ってください。

☆★★クリティカルシンキングのポイント★★☆
（ここに、あなたが作った作品、覚えておくべき作品を、記入してください）

1 「なぜ？」を何度も投げかけよう

> **はい！　ティータイム**
>
> 　以下に、なぜを、何度も投げかけて、掘り下げてみると面白い例をあげます。
> 　是非、疑問をもちながら、以下の命題の真偽をさぐってみましょう。
> ＊マンガを読むと、勉強ができなくなる。
> ＊親の収入が高いと、子の学力が高い。したがって、格差が受け継がれる。
> ＊血圧が高い人の方が、年収が高い。
> ＊赤ワインをたくさん飲むと、動脈硬化にならない。
> ＊数学ができると年収が高い。
> ＊子どものときの「体験格差」が、将来の「所得格差」を作りだす。

【例題２】ところで、なぜ、「なぜを、何度も投げかけること」が、重要なのでしょうか？
　まず、その答えを自分の言葉で声に出してみましょう。そして、なぜ書くだけでなく、声に出してみることが必要なのか、その理由を書いてみましょう。

　■■■解答例：なぜ、と疑問を投げかけながら掘り下げると、疑問に対する答えを見つけようとして、考えを重ねることになり、理解が深まるから。
　　さらに、声に出す際に、問題の内容を再度確認できることにより、視覚だけでなく、聴覚から情報が入ることにより、更なる刺激が脳にあたえられ、考えが深まりやすくなるから。

　したがって、「なぜを、何度も投げかける」は、あなた自身の理解を深める手段となります。一人で行ってもよいですが、友人と一緒に議論する方が、発見・気づきが多く、理解がより深まるでしょう。ですから、これも早速、今日から実行してみましょう。

> ☆★★クリティカルシンキングのポイント★★☆
> 　（ここに、あなたが作った作品、覚えておくべき作品を、記入してください）

> ☆★★クリティカルシンキングのポイント★★☆
> 　「なぜ？」と疑問をもとう。
> 　「なぜ？」を何度も投げかけて、深く掘り下げてみよう。

7．クリティカルシンキングをやってみよう

　「なぜ、カンニングをしてはいけないの？」これは、難しい問題です。難しい問題に対処するにはどうすればよいでしょうか？　今回は、「なぜ？」の問いを、「なぜを何度も投げかける」で対応してみましょう。つまり、繰り返し疑問を発することにより、理解を深

める方法を使ってみます。

クリ雄「なぜ、カンニングをしてはいけないのかな？」
真子「それは、ずるいからかしら。」
クリ雄「でも、なぜズルイの？」
マナブ「自分だけ、よい点を取ろうとするのはOK。だけど、勉強しないでよい点を取るのはズルイ。」
クリ雄「そうだな、ズルはいけないな。それなら、なぜズルはいけないの？」
マナブ「なぜなら、カンニングすると、試験の目的を達成しないからだね。」
クリ雄「それなら、試験の目的は何だろう。」
真子「学力の測定だわ。成績をつけるために必要でしょう。」
マナブ「他にも、何かないかなぁ。」
クリ雄「試験するといって、学生に勉強させるためかもしれない。」
真子「なるほど。その二つかしら。もう他には、考えられないかしら？」
マナブ「ひょっとして、先生がどれだけチャンと教えたかを確認するためかな？」
真子「なるほど。それは、おもしろい発想だわね。」
マナブ「でも、まずは、最も一般的な、最初の目的の『学力の測定』について考えてみよう。」
クリ雄「なぜ、『学力の測定』では、カンニングはいけないのだろうか？」
マナブ「測定だから、条件を揃える必要があるからね。」
クリ雄「どう、揃えるの？」
マナブ「時間を一定にして、他の資料を見ないようにする。」
クリ雄「なぜ？」
マナブ「なぜなら、競争だから。」
クリ雄「なぜ、競争だと、カンニングしてはいけないの？」
マナブ「なぜなら、測定値が比較できなくなるから。」
クリ雄「そうすると、重要なのは、競争かどうかということだね。」
真子「それじゃあ、競争でなければ、カンニングしても問題ないのでしょうか？」
クリ雄「難しいな……。競争でなければ、カンニングはOKなはずだ。」
真子「そうね。」
マナブ「ところで、世の中にはいろいろな問題が山積されている。競争して答えを出す問題って、何だろうか？　競争しないで答えを出す問題は？」
真子「競争して答えを出す典型的なものが入試。競争しないで答えを出す問題は……」
クリ雄「えーーっと。ほとんど全ての問題は、競争していないなあ。」
真子「競争していない問題なら、カンニングOKのはず。」
マナブ「総理大臣も、企業の社長も、いろいろな問題を抱えているけど、ブレーンがいる。つまりカンニングだ。」
クリ雄「そうか、分かった。世の中の、ほとんど全ての問題は、カンニング可能なんだね。」
マナブ「ところで、ここでいうカンニングとはなんだろうか？　カンニングでも、ズルにならないのだから。」

真子「分からないとき、相談して答えを出すことじゃないかしら。時間的に制限がなくて、分からない問題は、相談することが多いでしょ？」

T先生「そうだね。試験でなければ、『カンニング』はOKだね。ただし、ルールがあるよ。何だと思う？　ヒントはルールを守らないと窃盗になるということだね。」

真子「そーか、分かった。何を『カンニング』したかを、明示することだわ。授業で習った気がする。」

クリ雄「参考文献や、出典というやつだね。」

真子「誰の、何を、どこからをカンニングしたかを明記する。これは、ルールだ。そうすれば、問題にならない。」

マナブ「なるほど、そうだったのか。」

【ワーク22】クリティカルシンキングとは何でしょうか？　自分で考えて、自分で定義を書いてみましょう。

■■解答欄

はい！　ティータイム：「カンニング」の勧め（その1）

　授業を行うにあたり、「カンニングをしましょう」と、学生に対してあえて勧めています。「カンニング」といっても、他人の答案用紙を覗き見ることでも、先ごろ入試で話題になった携帯電話を駆使するものでもありません。私のいう「カンニング」とは、答えが明確でない場合に、調べて、相談して、答えを導くことを指しています。考えてみれば、世の中のさまざまな問題では、この「カンニング」を行わない方が稀なのではないでしょうか。政策決定における諮問・審議会や企業の戦略・M&Aにおいても然り。日常的には、進学・就職、はたまた恋愛問題も然り。次回のデート場所や夕食の献立まで、相談する相手がいる場合には、独断で決めることはほとんどないでしょう。つまり、「カンニング」は、禁止されていなければ、基本的に行うべきものだといえるのです。

　クラスにおいては、相互学習やグループ討論がこのカンニングに相当します。そしてこれこそが、学生自身の気づきや説明・表現・コミュニケーション力等の向上につながるのです。したがって、私の授業に関しては、断りがない限り「カンニングOK」としています。ですが、どうもこれが学生には腑に落ちないようなのです。大学においては、高校までの学習とは異なり、受験のための偏差値向上は基本的に必要ありません。一人でどこまで正解に近づけるかという能力も大切ですが、さらに重要なのは、総力を結集して正解を導き出す方法を習得し、その実力をつけることなのです。

　なお、課題・レポートで他人の文章を「カンニング」にした場合には、引用・参考文献の記載となります。もし、引用・参考文献を記載しなければ、文章に対するすべての責任はあなたが負うことになります。そこで、① 他人の文章を引用・参考にしたときは必ずその旨を明記すること、② 友人と相談しても良いが文章は一人で書くことは、「カンニング」のルールになります。

8．世界地図の不思議

【ステップ1：まず、やってみよう】 東京から見て、London はどっちの方角にあるのでしょうか？　また、New York はどちらの方角でしょうか？

　London は西、New York は東。一般的には、このような答えが多いでしょう。

> ☆★★ クリティカルシンキングのポイント ★★☆
> 　「それってホント？　なぜ、本当？」と、問い続けよう。

【ステップ2：それって、ホント？】 多分、このタイプの世界地図がみなさんの頭の中にあるでしょう。小学校以来、ずっと日本が真ん中にある世界地図に慣れているからでしょう。さて、この他のタイプの世界地図は、あるのでしょうか？　欧米では、大西洋が中心で太平洋が切れている地図が多いようです。

　これだと、London は西、NewYork も西になるのでしょうか？

【ステップ3：それって、ホント？】 では一体、何を見たらよいのでしょうか？

　おそらく、地球儀で確認してみるのが分かりやすいでしょう。実は、London も、New York も、東や西ではなく、むしろ北に近いことが分かります。London は北よりほんの少し西の方角に、NewYork は北よりほんの少し東の方角になることが、確認できます。北極を挟んで対峙しているからです。

　また、アメリカとロシアは意外と近いです。

Ⅰ　「なぜ？」を何度も投げかけよう

北極を挟んで対峙しているからです。実際に世界の安全保障を考えるときには、北極を中心とした地図は、必要不可欠になっています。

> ☆★★ クリティカルシンキングのポイント ★★☆
> 「常識」だと思っても、疑ってみよう。
> 立場を替えて、考えてみよう。

【ステップ４：それって、ホント？】そもそも地球は、球形です。本質的には上下の概念はありません。したがって、自転や公転ですら、見る立場を変えれば左回りにも、右回りにもなるのです。

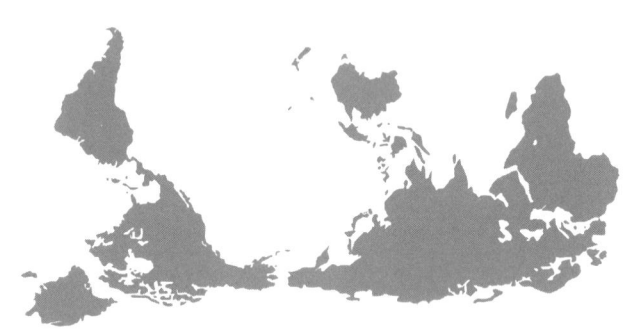

例えば、これはオーストラリアで見られるタイプです。確かにオーストラリアが中央の上の方に位置しています。このように、南が上の地図があってもおかしくない。太平洋が真ん中でも、おかしくないのです。これが、その例です。この類の地図は、インターネットでも検索できるので試してみましょう。

【ステップ５：それって、ホント？】それでは、南極の地図はどうなっているのでしょうか？

また、南極大陸はどこの国の領土でしょうか？

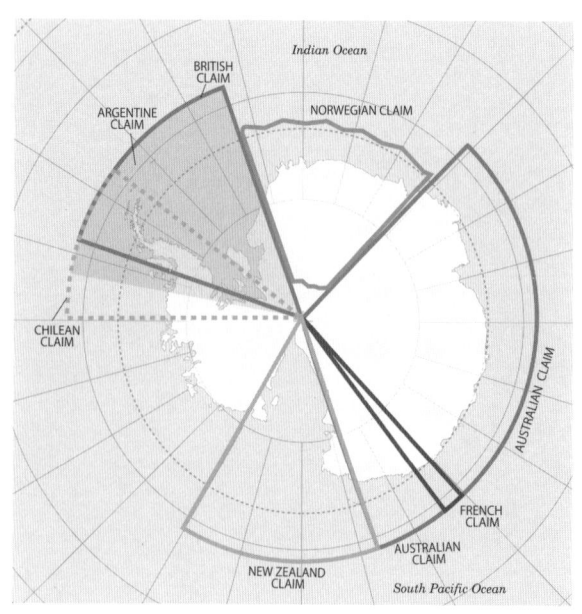

日本地図では、南極大陸が真っ白のものが多いです。しかし、Webを見ると、いくつもの国々が南極の領有権を主張しています。なぜ、日本の地図だけは、南極大陸が真っ白なのでしょうか？　是非、考えてみてください。

【ステップ６：それって、ホント？】ちなみに、国連のマークも北極が中心のものを使っています。これにも理由がありそうです。是非、考えてみてください。

【ステップ７：問題】この世界地

第１部　基礎編

図問題から、あなたが学んだことは何でしょうか？

まずは、自分の言葉で、自分で書いてみましょう。そして、その後でその内容が正しいかを考えてみましょう。

■解答例：それは、「常識を疑う」こと、そのためには、① 常に疑問をもつことと、② 問い続けることが必要。

(http://www.un.org/depts/dhl/maplib/flag.htm 参照日　2012.03.12)

さらに、ここからの学びは、「立場を替え」てみると、「世界が変わり」「答えが変わる」ということです。正解は常に一つとは限りません。立場によってさまざまな解答が存在するのですから。

それでは、これらを「クリティカルシンキングのポイント」にまとめてみます。

☆★★クリティカルシンキングのポイント★★☆
「それってホント？　なぜ、本当？」と、問い続けよう。
「常識」だと思っても、疑ってみよう。
立場を替えて、考えてみよう。

9．計算機の不思議

最近では、ケータイ・スマホにすら電卓がついています。100円ショップでも簡単に手に入ります。そして私達は通常計算を正しく行うために、これら計算機や電卓を使います。では本当に計算機や電卓の答えは正確なのでしょうか？　クリティカルシンキングでは、まず、疑問をもつことが大切です。

では、早速以下の計算をケータイやスマホの電卓でやってみてください。

【ステップ1：まず、やってみよう】計算機で計算してみましょう。

Q1：$10 \div 9 = ?$

Q2：$10 \div 9 \div 9 = ?$

Q3：$10 \div 9 \div 9 \div 9 = ?$

さらに、この答えを検算してみましょう。検算とは、つまり、逆算すること。出てきた答えに9をかけてみましょう。

Q1の検算：$(10 \div 9) \times 9 = ?$

Q2の検算：$(10 \div 9 \div 9) \times 9 \times 9 = ?$

Q3の検算：$(10 \div 9 \div 9 \div 9) \times 9 \times 9 \times 9 = ?$

Ⅰ　「なぜ？」を何度も投げかけよう

【ステップ２：それってホント？】何か、不思議なことは起きなかったですか？　それは、なぜでしょうか？　ちなみに、私のケータイの電卓の答えは、以下のとおりでした（Android IS03）。

　　　Q１：10÷9＝1.11111111111
　　　Q２：10÷9÷9＝0.12345679012
　　きれいな数字だが、8（ハチ）は、ないのかな？
　　　Q３：10÷9÷9÷9＝0.01371742112
　　　Q１の検算：（10÷9）×9＝9.99999999999
　　　Q２の検算：（10÷9÷9）×9×9＝9.99999999972
　　　Q３の検算：（10÷9÷9÷9）×9×9×9＝9.99999999648
　答えは、元の10になりましたか？

【ステップ３：それってホント？】
　もし、あなたの検算の答えが10になったら「なぜ、10になったのでしょうか？」「でも、計算機は正確に計算しているのでしょうか？」

【ステップ４：それってホント？】
　もし、あなたの検算の答えが10にならなかったら「なぜ、10にならなかったのでしょうか？」「でも、計算機は正確に計算しているのでしょうか？」

【ステップ５：それってホント？】
　① 割り算の正解は、何でしょうか？　② 行った検算は、正しかったでしょうか？

> ☆★★クリティカルシンキングのポイント★★☆
> 「それってホント？　なぜ、本当？」と、問い続けよう。
> 「常識」だと思っても、疑ってみよう。
> まずは、自分で確かめよう。自分の知識を信じよう。

【ステップ６：仮説】検算で10にならなかった理由は何でしょうか？　仮説を立ててみましょう。
　計算機の中のプログラムまでは、分かりません。ですから、ここでは考えられる仮説をできるけ多くあげてみましょう。
　① まずは、自分の言葉で、自分で書いてみましょう。
　② その後で、その内容が正しいかを考えてみましょう。
　　　■■解答例：＊表示がイイカゲン説　＊四捨五入の桁が異なる説

【ステップ７：さらなる仮説】「これは、ケータイという小型計算機だから、答えがイイカゲンなのだろう。ExcelなどPCで計算すれば、こんなものは、間違えないはずだ。」よく、このように考える人がいますね。「それってホント？」では、PCで同じことをやってみ

てください。

  $10 \div 9 =$

  $10 \div 9 \div 9 =$

  $10 \div 9 \div 9 \div 9 =$

私のExcelで計算した答えは、以下のとおりです（Excel 2010）。

  $10 \div 9 = 1.11111111111111110000000000000000$

  $10 \div 9 \div 9 = 0.12345679012345700000000000000000$

  $10 \div 9 \div 9 \div 9 = 0.01371742112482850000000000000000$

一般に信じられているExcelの計算ですら、この程度の計算でも完璧には、できません。たとえExcelでも計算に限界があります。信じるべきものは、計算機の答えではありません。

【ステップ8：それってホント？】 さて、次の簡単な引き算をExcelで計算してみましょう。

  $3.5 - 3.3 = 0.20$

  $8.6 - 8.4 = 0.20$

小数点以下の桁を増やしても大丈夫でしょうか？

  $3.5 - 3.3 = 0.20000000000000$

  $8.6 - 8.4 = 0.20000000000000$

このあたりまでなら、大丈夫でしょう。しかし

  $3.5 - 3.3 = 0.2000000000000000000$

  $8.6 - 8.4 = 0.1999999999999990000$

小学生でも間違えない、簡単な引き算ですら、計算機は間違えます。つまり、その精度には限界があります。限界を十分に理解した上で、利用する必要があります。

この計算機問題から、あなたは何を学びましたか？ ① 常識を疑え、② 問い続ける、③ 自分で確かめる。これらは、クリティカルシンキングを行う上で、とても大切です。

☆★★ **クリティカルシンキングのポイント** ★★☆

「それってホント？ なぜ、本当？」と、問い続けよう。

「常識」と思わずに、疑ってみよう。

まずは、自分で確かめよう。自分の知識を信じよう。

Ⅰ 「なぜ？」を何度も投げかけよう

はい！ ティータイム：数字は美しい!?

自分の計算機で計算してみてください。
123456789×8＋9＝987654321
 12345678×8＋8＝98765432
  1234567×8＋7＝9876543
   123456×8＋6＝987654
    12345×8＋5＝98765
     1234×8＋4＝9876
      123×8＋3＝987
       12×8＋2＝98
        1×8＋1＝9
123456789×9＋10＝1111111111
 12345678×9＋ 9＝111111111
  1234567×9＋ 8＝11111111
   123456×9＋ 7＝1111111
    12345×9＋ 6＝111111
     1234×9＋ 5＝11111
      123×9＋ 4＝1111
       12×9＋ 3＝111
        1×9＋ 2＝11
9876543210×9−2＝88888888888
 987654321×9−1＝8888888888
  98765432×9＋0＝888888888
   9876543×9＋1＝88888888
    987654×9＋2＝8888888
     98765×9＋3＝888888
      9876×9＋4＝88888
       987×9＋5＝8888
        98×9＋6＝888
         9×9＋7＝88
111111111×111111111＝12345678987654321
 11111111×11111111　＝　123456787654321
  1111111×1111111　＝　　1234567654321
   111111×111111　　＝　　　12345654321
    11111×11111　　　＝　　　　123454321
     1111×1111　　　　＝　　　　　1234321
      111×111　　　　　＝　　　　　　12321
       11×11　　　　　　＝　　　　　　　121
        1×1　　　　　　　＝　　　　　　　　1

このような計算式を目にした方もいると思います。

【チャレンジ課題１】

本書では、ややレベルの高い課題をチャレンジ課題としています。是非、あなたも自分で美しい計算式に挑戦してみましょう。よく考えれば、きっと美しいものが作れるでしょう。

以下は拙作です。是非、あなたも美しい計算式に挑戦してみてください。

```
(123456789×9+9)÷10=111111111
 (12345678×9+8)÷10=11111111
  (1234567×9+7)÷10=1111111
   (123456×9+6)÷10=111111
    (12345×9+5)÷10=11111
     (1234×9+4)÷10=1111
      (123×9+3)÷10=111
       (12×9+2)÷10=11
        (1×9+1)÷10=1
```

■ 解 答 例 ■

1.

2. なぜ、男子化粧室というのだろうか？ 男性で化粧をする人は、ほとんどいないのに。ところで、これは正しい日本語だろうか？

3. 「男子トイレ」または「男子手洗い」とすればよい。

4.～10. 解答例：あなたが記入したことが正解になります。なぜなら説明を踏まえて解答されているからです。

11. すぐに規制することはしません。なぜなら、この物質は「ご飯」かもしれないからです。

12. ＊既成概念に囚われていたから。＊有害な物質、危ないものだと、思い込んでいたから。＊与えられた情報が、意図的、片務的だったから。＊正解にたどり着くには広い知識が必要だから（小中学校の理科、高校の化学など）。＊思い込むと、正確に判断できなくなる（信念バイアス）。等

13. ＊既成概念に囚われない。＊思い込まない。＊情報を鵜呑みにしない。＊与えられた情報は、意図的、片務的だとして、考える。＊正解にたどりつくために広い知識を身につける（小中学校、高校の知識）。＊信念バイアスの存在を意識する。＊直感で考えず、じっくり考える。等

14. ①解答例：「なぜ？」「なぜ？」と疑問を何度も投げかけて、掘り下げることで物事を深く考える。問題の本質に迫ることができるようになる。

　　②解答例：「なぜ、鯨を捕ってはいけないのだろうか？」「捕鯨の是非」

15. ①解答例：「なぜ？」「なぜ？」と疑問を、何度も投げかけて、掘り下げることで、議論を深めて問題の本質に迫ろうとしている。

　　②解答例：「鯨と鮪、食用の境界線」「疑問を投げかければ、議論が深まる」

16.～20. 解答例：

Q：なぜ、働くのか？
　　A：なぜなら、生活のための収入を得るため。
　　Q：なぜ、生活のための収入が必要なのか？
　　A：なぜなら、食費、住居費、学費、光熱費などの出費があるから。
　　Q：なぜ、食費、住居費、学費、光熱費などの出費があるのか？
　　A：なぜなら、全てを自分でできないので、これらの財・サービスを購入しなくてはならないから。
　　Q：なぜ、それらの財・サービスを購入しなくてはならないのか？
　　A：なぜなら、それらの財・サービスを購入しないと、人として生きていけないから。
　　Q：なぜ、それらの財・サービスを購入しないと、人として生きていけないのか？
　　A：なぜなら、自立した人として生きていくために、これらの財・サービスの取得が不可欠だから。

21.「なぜ？」と、疑問をもとう。
　　「なぜ？」を何度も投げかけて、深く掘り下げてみよう。
22. ＊思考過程の一つ　＊答えを探るために疑問を投げかけながら、考えていく方法　＊物事に疑問をもち、深く掘り下げて考え、「なぜ？」と何度も投げかけて、論理的に考えを深め、物事の本質を導き出す能力など。さまざまな解答が考えられます。模範解答や正解はありません。参考までに説明・定義の例を載せます。
　　「物事を正しい方法で正しいレベルまで考える」(グロービス 2005)
　　「先入観に囚われず、論理的に考え、合理的な決定を導き出す能力と意思」(若山 2009b)

CHAPTER II

手で考えよう

　物事を考えるとき、頭だけでなく、手で書いてみると、問題がわかりやすくなり、見やすくなります。論より証拠、まずはやってみましょう。

1. 演繹法を正しく使おう

　まず演繹法とは何か考えてみましょう。
　「　？　」には、どんな内容が入るでしょうか？
　　「人は死ぬ。」「ソクラテスは人である。」⇨「　　？　　」
　左の二つの前提から、結論として何がいえるでしょうか？　まずはよく考えてみましょう。
　　　AならばB、BならばC、したがって、AならばC。
　これを、一般にA⇨B、B⇨C、∴A⇨Cと書きます（∴これは、一般に「ゆえに」と読みます。意味は「したがって」ということ）。これを、演繹法あるいは三段論法ともいいます。三段論法として有名な例が、「全ての人は死すべき存在である。ソクラテスは人である。ゆえに、ソクラテスは死すべき存在である。」この「○○ならば××」という展開を「⇨」の記号で書きます。すると「人⇨死ぬ、ソクラテス⇨人、ゆえに、ソクラテス⇨死ぬ」となります。
　これを、図で示すと以下のようになります。
　このように、考えを見えるようにすることを、可視化（または視覚化）といいます。また、このように考えを可視化した図をベン図といいます（なお、ここではわかりやすいようにベン図を簡略化して描いています）。
　このベン図では、一番外側の◯が、死ぬものの全体を表しています。同様に2番目の◯が、人の全体を表し、一番小さい◯がソクラテスそのものを表しています。これを一般化すると図II-2のようになります。
　だから、A⇨B、B⇨C、ゆえに、A⇨C

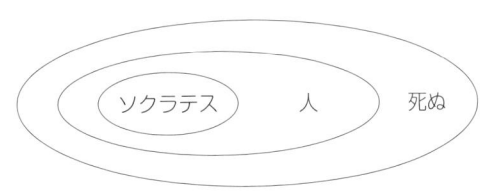

図II-1　演繹法のイメージ(1)

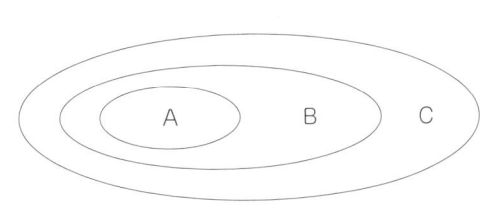

図II-2　演繹法のイメージ(2)

の形になっています。つまり「ソクラテス（A）ならば人である（B）。人（B）ならば死ぬ（C）。したがって、ソクラテス（A）ならば死ぬ（C）。」という展開になります。この論理の展開は、十分に納得がいきます。

なお、ソクラテスである（A）ならば人である（B）、というとき、ソクラテスである（A）は、人である（B）ための十分条件であり、人である（B）はソクラテスである（A）のための必要条件といいます。

【ワーク1】（　　　）の中に漢字4文字を記入しなさい。

　このソクラテスの問題においては、
　　人であること（B）は死ぬ（C）ための（　1　）
　　死ぬこと（C）は人である（B）のための（　2　）となる。

　　■■解答欄

また、B⇨A、かつ、A⇨B、である場合は、AはBであるための必要条件であり、かつ、AはBであるための十分条件であるので、AはBであるための必要十分条件であるといいます。

さて、この図で大きい方からの二つの○の関係、つまり「人（B）ならば死ぬ（C）」を、ここでは「大前提」と呼びます。あるいは、「前提」、「一般論」、「ルール」ともいいます。さらに、小さい方から二つの○の関係、つまり「ソクラテス（A）ならば人（B）である」を、ここでは分かりやすく「小前提」と呼びます。あるいは、「事例」、「観察事項」、「ケース」ともいいます。

ですから「人（B）ならば死ぬ（C）」（大前提）であり、その上「ソクラテス（A）ならば人（B）である」（小前提）であれば、この二つの前提から必然的に100％確実にいえることは、「ソクラテスは死ぬ」ということになります。したがって「ソクラテスは人である」「人は死ぬ」⇨「　？　」の解答は、「ソクラテスは死ぬ」ということになります。

【ワーク2】 演繹法で考えると、「　？　」には、どんな内容が入るでしょうか？　なお、何も入りえない場合もあります。

　　「　？　」「人は死ぬ」⇨「ソクラテスは死ぬ」

　　■■解答欄

さて、こうなるとチョット難しくなります。なぜなら、「　？　」が、「大前提」または「小前提」のいずれかを求める問題になるからです。

【ワーク3】演繹法で考えると、「　？　」には、どんな内容が入るでしょうか？　なお、何も入りえない場合もあります。
① 「麻薬は、危険だ」「　？　」⇨「大麻は危険だ」
　前にあげた二つの前提から、結論が得られるのです。前提の一方を考えてください。
② 「カッコいいやつはモテる」「　？　」⇨「俺はカッコいい」
③ 「クリティカルシンキングを学ぶと賢くなる」「　？　」⇨「彼はクリティカルシンキングを学んでいない」
④ 「天気のよい週末には東京ディズニーランドは混む」「　？　」⇨「週末に天気がよいと、京葉線の利用客は多い」
⑤ 「　？　」「商品Aは値下げした」⇨「商品Aは売れる」
　■■解答欄

【解答への道】まず、自分で「⇨」、または、「ベン図」を使って考えてみてください。
① 前に掲げた二つの前提から、必ず結論が得られるのです。そのような、前提を考えてください。
② 対偶も考えてみましょう。
③ 手で考えてください。つまり、ベン図を書くと答えが見えてきます。
　まずは自分でやってみてください。意外と難しいので、1回めで全て正解する人は少ないと思います。
　では、なぜ、この基本的な論理展開を簡単に答えられなかったのでしょうか？　なぜ、難しいと感じたのでしょうか？　考えてみてください。
　ここで大切なのは、習ったから分かっている。だけど、すぐにはできないという事実です。つまり、これは知識として理解しても、実際の応用場面では使えないことになります。つまり、① 知識として分かること、② その問題を解けること、③ その内容が使えること、この三つは全く異なるステージにあるのです。
　学校で学んだときは「分かった」という状態です。定期試験で解ければ、「解けた」という状態です。しかし、実際に「使えた」という状態になるには、知識を自分の内部に落とし込み、いつでもどこでも取り出せる状態にする必要があります。
　クリティカルシンキングで学んだことは、使えないと役に立ちません。ですから、学んだことを積極的に活用して、「分かった」⇨「解けた」⇨「使えた」と、ステージアップを意識してください。「分かること」と「解けること」と「使えること」は、全く別物であり、異なるステージにあるのです。

☆★★ クリティカルシンキングのポイント ★★☆

「分かった」は、クリティカルシンキングの第一歩。
「分かった」⇨「解けた」⇨「使えた」とステージアップしよう。

ここでいう「分かった」「解けた」「使えた」の概念を、身近な例で、分かりやすく整理してみます。

	クリティカルシンキングの場合	学校での学びの場合	お料理の場合
分かった	ある推論の罠で、その内容が分かった。 例：第3変数とは	公式、ルール、定理などの内容、その背景が分かった。	食べてその料理名が分かった。 例：パエリア
解けた	試験の設問において、推論の罠に関する問題が解けた。つまり、設問の正解にたどり着くことができた。	公式、ルール、定理などを活用して試験問題が解けた。つまり、正解にたどり着くことができた。	目隠しで食べても、その料理の素材が何か、どのように料理されたかの製法を解きほぐすことができた。 例：サフラン、米、炊きこむ等
使えた	論理展開の疑問を見つけることができ、いつでも、どの推論の罠に陥っているのかを、的確に指摘できた。	公式、ルール、定理などを、家庭教師として相手に説明できた。	今日のおかずを考えるとき、常にレパートリーの一つとして使える。 例：今夜はパエリアにしよう。

「使える」というのは、いつでも、どこでも、常に自分から能動的に利用・活用できる状態をいいます。つまり、料理でいうと、自分のレパートリーになって、いつでもレシピなしで作れることです。そのような状態になったとき、初めて自分のものになり、自分の力（能力・実力）になります。

【活用へのステップ】

学んだ知識・知見を「分かった」⇨「解けた」⇨「使えた」とステージアップするには、どうしたらよいでしょうか？ つまり、どのような状態になれば、自分のものになったといえますか？ そのためには「あっそうか！ わかった」で終わらせず、他の事例・問題に当てはめて考えてみることが必要です。また、自分が学ぶだけでなく、人に教えるという行為は自分の理解を再確認し、深化させるのに役立ちます。

例えば① 自分で得た知識を、友人・家族に教えたり、② 自分で作問し、他人に解いてもらい、その後説明するなどを行い、自分の理解を深めていきましょう。

自分で説明ができて、初めて身につくのです。では、さらに演繹法の問題を例に、このことを実践してみましょう。

【ワーク4】

① 演繹法の演習、【ワーク3】の中で、あなたが間違えた問題、あるいは難しかった問題はどれですか？ 最も難しいと思った問題とその答えを書きなさい。

② なぜ、あなたはその問題を難しいと思ったのでしょうか？ その原因はどこにあるの

かを、「⇨」や「ベン図」を用いて分析してください。

③ あなたが間違えた問題の類題を、あなた自身で作問してください。
「　　？　　」「　　　　　」⇨「　　　　　」

④ あなたが作問したこの問題を、友人や家族に解いてもらってください。さらに、なぜ難しいのかをその友人・家族に説明してください。

⑤ 友人・家族の解答が正解なら、OKです。なぜ正解なのか、解答者に丁寧に説明してください。また、友人・家族の解答が不正解なら、その理由を解答者に丁寧に説明してあげてください。その上で、再度あなたの作問を解いてもらってください。

⑥ あなたが行った出題、友人・家族の解答、解答者へのあなたの説明が全て終了したら、以下の用紙にサインをもらってください。

■■解答欄
①
②
③
④ 終了（した、しない）　その理由：
⑤ 終了（した、しない）　その理由：
⑥ 終了（した、しない）　その理由：

　私は、〇〇〇〇さんから、演繹法について説明を受けました。さらに、この説明者（読者）が作った問題を解きました。その解答についても、分かりやすい説明を受けました。この説明者（読者）は、大変よく勉強していると思います。

_____年_____月___日　氏名　□□□□

感想欄：よろしければご感想をお願いします。

_____

記入方法：〇〇〇〇には、説明者（読者）の氏名を、記入して下さい。さらに、その説明者（読者）は、家族や友人に演繹法について説明をした後に、説明を受けた人から□□□□に、署名をもらってください。

2．手で考えよう

　頭だけで考えても、なかなか理解が進まないことは多いものです。手で書いて考える習

慣をつけると、問題がよく見えてわかりやすくなります。「⇨」でも、「ベン図」でも、どちらでもよいです。視覚を通して分析すると、問題が目に見えて整理されるため、間違いが少なくなります。書くことは、考えるための第一歩です。まず、書いてから考えましょう。考える前に書く、書いてから考える、これを習慣づけましょう。書いてから考えることを「手で考える」ということにします。

> ☆★★クリティカルシンキングのポイント★★☆
> 　可視化すると、答えが見える。
> 　まずは、手で考えよう。

3．帰納法を正しく使おう

　クリティカルシンキングで大切な思考の方法に、演繹法と帰納法があります。ここでは帰納法について学習してみましょう。

【例題1】以下の事例から帰納的に導き出せる結論を述べなさい。
　　事例1：A君はクリティカルシンキングの授業に無遅刻無欠席で臨んだ。
　　事例2：A君はその授業において積極的に発言し、授業に参加した。
　　事例3：A君はレポート・課題などの提出物を全て期限内に提出した。
　　事例4：A君はその授業の学期末のテストで最高点だった。
　　■解答例：この場合、これらの事例から無理なく導き出せる結論としては、次のようなことが考えられる。
　　　結論例1．A君の成績は一番になるだろう。
　　　結論例2．A君の成績はS（最高のランク）になるだろう。
　　　結論例3．A君は、とても真面目な性格である。
　　　結論例4．A君は、クリティカルシンキングの授業に熱心である。

　多分、これらの結論が導き出されるでしょう。なぜなら、設問の4つの事例から、無理なく導いているからです。帰納法の基本的なイメージは図Ⅱ-3のとおりです。この図を見て分かるように、帰納法とはいくつかの事例の共通要素を抽出し、無理なく結論を導く方法です。そのためには、ある程度の知識・経験・想像力が必要となります。

【ワーク5】田中課長は、仕事の帰りによく部下と2人で飲みに行きます。A君とも、B君とも、C君ともP店でサングリアを飲み、生がきを食べたら、なぜか3人とも気分が悪くなりました。この3人の事例から帰納的に導き出せる結論は何でしょうか？

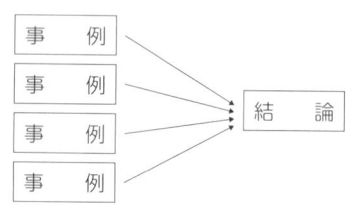

図Ⅱ-3　帰納法の基本的イメージ

■■解答欄

　この情報だけでは、解答例のどれが正しいかは定かではありません。どれも可能性があります。ですから、帰納法で考えるときは、できるだけ多くの情報を正しく取り入れ、検討して結論を導く必要があるのです。

【チョット質問】帰納法では、必ず正しい結論になりますか？

　■■**チョット解答**：帰納法では、結論を導く際に十分に検討する必要がありますが、常に100％正しい結論が導き出せるとは限りません。だから、帰納法で考えることは難しいのです。サングリアの問題でも、帰納的に導き出された結論は、全て正しいとはいいきれないのです。一方、演繹法は正しく用いれば、100％正しい結論を導くことができます。

【解説】帰納法では、答えが一つにならない場合がかなりあります。帰納法だけでなく、一般的にクリティカルシンキングにおいては、答えは一つとは限りません。では、答えとは一体何でしょうか？　何が正解といえるのでしょうか？　つまり、どのようになれば、究極の正解となるのでしょうか？　これは大変難しい問題です。それこそ答えのない問題かもしれません。

　まずは、その時点での「最善の答え」が究極の正解といえます。つまり、もう、この時点でこれ以上によい答えが出てこない、誰がどう解いてもこれ以上優れた解答は得られないというのが、「最善の答え」です。是非、「最善の答え」を導き出すべく、クリティカルシンキングをやってみてください。

【例題2】以下の事例から帰納的に導き出せる結論を述べなさい。

　事例1：Twitterの通信量が多くなっている。
　事例2：Facebookの通信量が多くなっている。
　事例3：E-mailの通信量が多くなっている。
　事例4：Skypeの通信量が多くなっている。
　事例5：LINEの通信量が多くなっている。

　■■解答例
　　① PCやケータイで情報を交換することが多くなっている。
　　② ITを駆使した通信が、多くなっている。
　　③ インターネットを使ったコミュニケーションが発達している。
　　④ インターネットを利用した手軽な（安い・無料の）通信手段が、多く使われている。

　どの答えも、不正解とはいいきれません。しかし、最も焦点が絞られているのは④の解答になるでしょう。したがって、④の解答の方が、分かりやすく、説得力があると考えら

れます。

　「SNSがよく使われている。」という解答はどうでしょうか？　これはSNSの定義にもよりますが、E-mailは一般的にはSNSとはいいません。したがって、これは正解とはいえません。したがって、事例の共通点に着目して、無理なくいえそうな結論を導き出すには、知識・経験とある程度の想像力が必要になります。

【ワーク６】「これらの事例から帰納的に導き出せる結論を述べなさい」という問題を作成しなさい。つまり、あなたが事例を考えて、あなたの友人またはあなた自身がその問いに答えるのです。事例の共通点に着目して、無理なくいえそうな結論を導き出す問題を作問しましょう。

　　■■解答欄

【ワーク７】では、このような帰納的な思考を、間違えずに正しくできるようになるには、どうしたらよいでしょうか？　考えてみてください。

　　■■解答欄

　そうです。「クリティカルシンキングのポイント」にするのも一案です。それでは、普段から次のアクションを実行してみてください。

> ☆★★クリティカルシンキングのポイント★★☆
> 　（ここに、あなたが作った作品、覚えておくべき作品を、記入してください）

> ☆★★クリティカルシンキングのポイント★★☆
> 　「それって、ホント？　なぜ、本当？」と、問い続けよう。

4．帰納法と演繹法を使ってみよう

帰納法と演繹法は、一つの課題で両方使うことがよくあります。ここでは、応用例として両方を使う例を考えてみましょう。

【例題3】
帰納法から得られた結論を前提（一般論・ルール）として、個別の事例（観察事項、ケース）を当てはめ、演繹法で新たな結論を得ることを考えてみましょう。

■■解答例

帰納法からルールへ
① リンゴは、甘い味がする。② 桃は、甘い味がする。
③ 梨は、甘い味がする。④ ブドウは甘い味がする。
⇨果物は甘い味がする。（ルール）

演繹法
果物とは甘い味がする（大前提）。
キウイは果物である（小前提）。
⇨キウイは甘い味がするだろう。

【解説】 図Ⅱ-4のような概念図になります。

この演繹法・帰納法の組み合わせを解説した参考書は、いろいろあります。しかし、因果関係の線が、縦になったり横になったりすると複雑になってしまいます。そして図が複雑になればなるほど、正確に覚えるのも正しく使うのも難しくなります。理解するだけでなく、今後一生使えることが重要なので、概念図はできるだけ単純なものがよいでしょう。

この図は、全ての因果関係が左から右へ、横に平行に書かれており、あえて覚えやすい形にしています。覚えた後も、間違いが少なく、思い出しやすくしました。是非、単純な図で覚えて、積極的に活用してください。

【ワーク8】
例題のように、帰納法から得られた結論を前提（一般論、ルール）として、個別の事例（観察事項、ケース）を当てはめ、演繹法で新たな結論が得られる例を、自分で探してください。その例を、図Ⅱ-4のように、書いてみてください。

■■解答欄

Ⅱ 手で考えよう

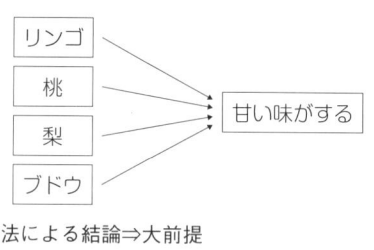

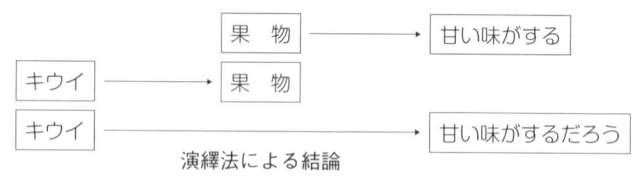

```
  リンゴ ┐
  桃   ├→ 甘い味がする
  梨   │
  ブドウ ┘
```
帰納法による結論⇒大前提

```
         果 物 ──→ 甘い味がする
  キウイ ──→ 果 物
  キウイ ──────────────→ 甘い味がするだろう
```
演繹法による結論

図Ⅱ-4　演繹法・帰納法の組み合わせ

5．仮説って何？

　よく耳にする「仮説」とは一体何でしょう？　仮説とは、簡単にいえば、「説明するための仮定」つまり「仮の説明」のことです。それでは、「仮説」と「仮定」は、どう異なるのでしょうか？

　「多分理由は、○○○○○○○○じゃないかな／だろう／だと思う。」の「○○○だ」この部分が仮説になります。中学校で学んだ数学の証明問題における仮定によく似ています。表Ⅱ-1を参照してください。6)

表Ⅱ-1：仮説の位置づけ

	対象	手　順	方　法
日常のなぜ	疑問	仮説⇨検証・論証⇨結論	演繹法、帰納法等
数学の証明問題	問題	仮定⇨証明⇨結論	演繹法、背理法、数学的帰納法等

【議論してみよう】さまざまな「日常のなぜ」が、見つかりました。では、そのうちいくつかの「なぜ」に対して、是非仮説を立てて仲間と議論してください。
【ステップ1：まず、やってみよう】なぜ、夫婦茶碗の大きさは、異なるのだろうか？最近は同じ大きさの物もあるのは、なぜか？
【ステップ2：論点整理】以下のように、論点を整理してください。
自分の意見：

他者の意見：

___

主な相違点：

___

主な共通点（共通の背景等を含む）：

___

結論（あるいは、どこまで議論が進んだか）：

___

　その他の問題でも、やり方は同じです。では以下の設問にチャレンジしましょう。ヒントを載せましたが、できるだけ見ないで考えましょう。

【ステップ１：まず、やってみよう】 なぜ、鏡は左右反対に映るのだろうか？　なぜ、上下反対にはならないのか？　鏡の面において、左右反対と上下反対は、区別がつかないはずだ。円形の鏡を床または天井に置いて、その周りを１周すれば、左右も上下もないのに、不思議だ。

【ステップ２：論点整理】

自分の意見：

___

他者の意見：

___

主な相違点：

___

主な共通点（共通の背景等を含む）：

_____

結論（あるいは、どこまで議論が進んだか）：

_____

【ステップ３：ヒント】
　３次元の空間は、Ｘ軸（左右）、Ｙ軸（上下）、Ｚ軸（前後）の直交する３軸で考えられる。鏡は平面であり、Ｘ軸（左右）とＹ軸（上下）に、差がないのならば、Ｚ軸（前後）はどうだろうか？

【ステップ１：まず、やってみよう】 円周率は、なぜ約３でよいとされたのか？　πと３の違いは実際にはどれくらいあるのだろうか？　概念的なものだから、現実の世界では比較できないのだろうか？

【ステップ２：論点整理】
自分の意見：

_____

他者の意見：

_____

主な相違点：

_____

主な共通点（共通の背景等を含む）：

_____

結論（あるいは、どこまで議論が進んだか）：

ヒント ①　身近なもので考えてみよう。黒鉛筆と赤鉛筆はどんな形状か？
ヒント ②　転がしてみよう。答えが分かるはずだ。

なぜ、仮説を立てることが重要なのでしょうか？

なぜなら仮説を立てることは、問題解決に至る必要条件だからです。もし、仮説がなければ、答えが何であるかを考えることができません。世の中の問題は、答えがあるかどうか、正解があるかどうか、分からないことが多いです。ですから、まず、仮説を立てることが必要になります。仮説を立てるには、さまざまな知識・経験が必要になります。そこで、これまで学校等で学んできた知識が役に立つのです。

> ☆★★クリティカルシンキングのポイント★★☆
> 　仮説を立てることは、答えに至る必要条件。
> 　まずは、仮説を立ててみよう！

6. 楽しい語録「一言、言ってよ、楽しい語録」

　読者のみなさんはこれまでに、クリティカルシンキングについていくつか学びました。これまで学んだ内容を一生忘れないようにするために、分かりやすい短い語録（メッセージ）にしてください。クリティカルシンキングでは、学んだことをすぐに使えることが大切です。そのためにも、すぐに思い出せるようにしましょう。[7)]

【ステップ１：まず、やってみよう】これまでにあなたが学んだことの中から、簡単で覚えやすく、インパクトのある語録を作成してください。なお、元ネタがある場合は、元ネタも書いてください。

　　例：「んーーっ。それってホント？　なぜ本当？」「まずは、自分で確かめよう」
　　　　「常識の非常識」「地球は四角いかもしれない」

【ステップ２：疑問】学んで理解すれば、それで十分であるにもかかわらず、なぜ、わざわざ「学んだことの語録」を作成するのでしょうか？　なぜなら、書物で学んだだけでは、十分に理解できても、実際にはそれを使えないからです。クリティカルシンキングでは、学んだことを実際に使うことが極めて大切です。使えなければ、学んだ意味がほとんどありませんから。使えるようになるためには、覚えたことをすぐに思い出せることが必要です。

この楽しい語録の目的は、いつでもどこでも、学んだことを思い出して使えるようにすることです。分かっただけでは、もったいない。宝の持ち腐れになってしまいます。そこで、学んだことを① 分かった ⇨ ② 解けた ⇨ ③ 使えたと、ステージアップすることが必要になります。

　以下に、楽しい語録の解答例を提示します。以下の4作品どれも、受講生の作品です。
　「コモンセンスは、ナンセンス」「正解という不正解」「考えない葦はただの葦」「Boys, be suspicious!!」「ツベコベ言って、腑に落とす」(拙作)

【例題4：活用へのステップ】では次に、あなたが「楽しい語録」で、学んだことを、あなた自身で「楽しい語録」にしてみましょう。インパクトのある語録を作ってください。
　■■解答例：＊覚えても、使えなければ、只の無駄　＊使えるぞ、語録にすれば、忘れない。

> ☆★★ クリティカルシンキングのポイント ★★☆
> 「覚えても、使えなければ、只の無駄」
> ①「分かった」⇨②「解けた」⇨③「使えた」とステージアップしよう。

> はい！　ティータイム：「楽しい語録」を募集
> 　ここで、みなさまの作成した「楽しい語録」を誌上募集いたします。是非、応募してください。語録には、その意味と、元ネタ・出所があれば記入してください。簡単な解説をつけてください。
> 　（優秀作品は、ご本人の了解を頂ければ出典を明記の上、当書籍の次回改訂時に掲載いたします。
> 　本稿に対するみなさまのご意見・ご感想を、併せてご記入いただければ幸いです。
> このメールアドレス（QRコード利用可 Wakayama.class@pobox.com ）にお送りください。よろしくお願いいたします。）

7．MECEとは

【課題】プレゼントでトランプ（52枚）をもらいました。では、これを分類してみましょう。例えば、4種類、または13種類に分類するなど、さまざまな分類方法があります。分類する方法を箇条書きにして、なるべく多くあげてください。目標としては、分類方法を一人で10通り考えてみましょう。なお、52枚に分類、1枚とそれ以外（例、ダイヤの10とそれ以外）という分類方法は除きます。もちろん、正解は一つではありません。

　分類の方法にはさまざまなものが考えられます。是非、あなた自身で考えてみてください。なお、数名で相談（「カンニング」）しながら解いてもよいでしょう。数名で行う場合には、20通りくらいは考えてみましょう。

　さて、マークで4通りに分ける、数字で13通りに分ける、マークの色、人物の有無など、

さまざまな分け方が見つかったと思います。その分け方、つまり分類方法を、「切り口」といいます。これまでに分けたものは、漏れやダブりはありましたか？ トランプを分ける場合は、一般に漏れや、ダブりはありません。このモレもダブリもない状態をMECE(ミッシー)といいます。

MECEとは、Mutually Exclussive Collectively Exhaustive の略であり、相互に排他的であり集合的には網羅的である。モレなくダブりがない状態をいいます。これは、概念や事象を構造化する際に、大変に役立つ概念です。この場合の構造化とは、可視化（視覚化）することであり、図を描くことで可能になります。

【例題5】私たちの身の周りで、MECEに分類されていると考えられる例をあげなさい。
　■■解答例
　　＊血液型をA、B、O、ABに分類。
　　＊人を、成年と未成年に分類。
　　＊デパートの衣料品の売り場を、婦人服、紳士服、子ども服に分類。

【ワーク9】今度はあなたの番です。例題の解答例のように、私たちの身の周りで、MECEに分類されていると考えられる例を、できるだけあげなさい。
　■■解答欄

モレなくダブリなく分類されていれば、MECEといえます。しかし、これらの分類を定義しても、厳密にMECEであることを追求するのは困難となることもあります。血液型でもA、B、O、ABに分類できない場合や、婚姻すれば20歳未満でも成年者とみなされることもあるでしょう。ここでは、目的のために十分に使える状態であれば、MECEであると考えることとします。MECEは目的のために分析する手段・考え方であるからです。

【例題6】応用問題です。日常生活においてMECEとはいえない分類例を、探してみてください。なお、①なぜMECEとはいえないのか？ さらに②MECEといえる分類に変えたら、どうなるか？を、述べてください。
　■■解答例
　　(1) 人を、男性、女性、子どもに分類
　　　① 子どもにも男女があるので、ダブりが生じている。
　　　② 例えば、成年男子、成年女子、未成年に分類する。
　　(2) 人を、未婚者と既婚者に分類
　　　① 離婚、死別などのケースにモレがあると考えられる。
　　　② 現在の配偶者の有無、または戸籍上の結婚歴の有無で分類する。

【ワーク10】例題の解答例のように、私たちの身の周りの日常で、MECEとはいえない分類例を探してみてください。なお、①なぜMECEとはいえないのか？　さらに②MECEといえる分類に変えたら、どうなるかを述べてください。

■■■解答欄

現実的には、一般のアンケートで、その人の属性をMECEにするのはかなり難しいでしょう。複数回答可とする方法も一案であり、解答者がどこに該当するのか迷うことのないように、設計する必要があります。このように、目的に応じて十分にMECEに分類することは必要なことであり、細心の注意が求められます。

8．ロジックツリーとは

次にロジックツリーという思考技法を紹介します。まずは、先ほどのトランプの分類の例をもとに図Ⅱ-5を見てみましょう。

ツリーとは樹という意味です。樹の枝のように、枝分かれさせて分解していく方法のため、ツリーといいます。ツリーを使うと思考の過程が可視化され、分析や検討がしやすくなり、問題発見や解決に利用することができます。このように、論理的に考えて分析する際のツリーをロジックツリーといいます。では、早速試してみましょう。

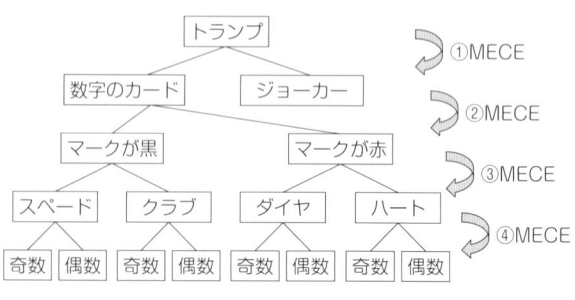

図Ⅱ-5　ツリーの基本

【例題7】クリティカルシンキングの授業で単位を取るには、どうしたらよいでしょうか？ロジックツリーを用いて、分析してください。

■ 解答例

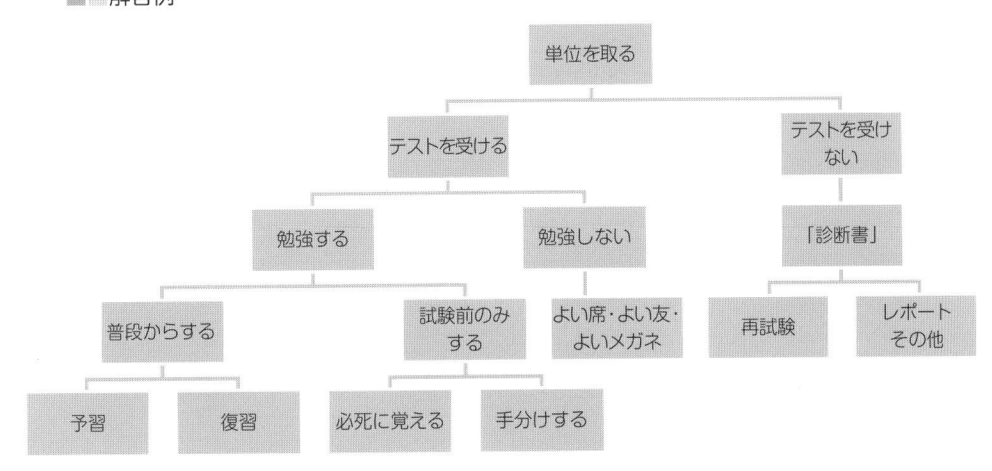

```
                    単位を取る
                   ┌─────┴─────┐
              テストを受ける      テストを受け
                              ない
           ┌─────┴─────┐         │
        勉強する      勉強しない   「診断書」
        ┌─┴─┐      ┌─┴─┐      ┌─┴─┐
    普段から  試験前のみ  よい席・よい友・ 再試験  レポート
    する     する      よいメガネ         その他
    ┌─┴─┐    ┌─┴─┐
   予習 復習 必死に覚える 手分けする
```

図Ⅱ-6　クリティカルシンキングの授業で単位を取るには

　これ以外にも、さまざまな解答例が考えられます。これは、ロジックツリーを活用する練習のための例題です。なお、できるだけ、授業に出て自分の実力を上げて試験に臨んでください。

　いろいろな切り口を探してみましょう。例えば、課題の提出の有無？　試験を受けるか？受けないか？　単位を取るための関連事項を列挙し、重要と思われる切り口を上にして、ロジックツリーを完成してみてください。

【ワーク11】 クリティカルシンキングの授業で、S（最上位）の成績を取るには、どうしたらよいだろうか？　ロジックツリーを用いて、分析してみよう。

■ 解答欄

　なお、大学、教員、学生によって、さまざまな解答（ロジックツリー）が考えられます。あなた自身の解答（ロジックツリー）を、考えてください。

【ワーク12】 同じビールでも、できるだけ美味しく飲む方法をロジックツリーを用いて考えてみましょう。

　これもさまざまな切り口が考えられます。ビールの状態、飲む人の状態、飲む環境、おつまみの有無、一人で飲むか複数で飲むかなどで、分けてもよいでしょう。あるいは、ビ

Ⅱ　手で考えよう

ールの状態にこだわりがあるのなら、ビールの種類、銘柄、移動・保存の状態、注ぎ方、カップの材質など、さまざまな分類が可能です。5W1Hのような枠組みで、分析してもよいでしょう。あなたが、重要だと考える切り口で、ロジックツリーを作ってみてください。ただし、この問題は20才以上が対象です。

■■解答欄

　この答えは一つになりません。切り口の選び方によって、ロジックツリーは異なってくるでしょう。しかし、ロジックツリーを使うことによって、モレやダブリがなくなり、説得力のある説明ができるでしょう。

【ワーク13】 あなたは、正社員として、毎日満員電車に乗って通勤しています。では、その満員電車を避けるにはどのようにしたらよいでしょうか？ ロジックツリーを用いて、できるだけ多くの方法をあげてください。ここでは、あげられた方法の実現可能性は問いません。

■■解答欄

---

　① まずは、できるだけ多くの方法を列挙しましょう。② これをグループ化してください。これらが、具体的な方法であり、図では下からのアプローチになります。さらに③ 方法を分類してみましょう。できるだけ、重要でわかりやすいものを先にしてください。これらが、手段による分類であり、図では上からのアプローチになります。最後に④ 全体のロジックツリーを完成してください。

　ロジックツリーによる分析の利点は、モレの可能性を減らし、網羅的に拾い出せることです。物事を検討する際に、「これを見落としていた」「あれを忘れていた」という経験は、誰にでもあるでしょう。そういった見落としを減らすことができます。つまりロジックツリーを用いると、考えられるあらゆる方法を俯瞰できるという大きなメリットがあります。

　さて、自分のアクションを選択するのはこの段階ではなく、その次の実現可能性を考慮する段階で、ということになります。実現可能性や諸条件は個人ごとに異なりますので、

是非、あなたの場合を検討してみましょう。

【ワーク14】 ロジックツリーにおいて、あなたの考えるクリティカルシンキングのポイントを3つあげて下さい。答えは、あなたが重要だと考えることですから、一通りではありません。

■■■解答欄

9．マトリックス分析とは

　マトリックス分析とは、簡単にいえば表を書いて、分けて考えてみるということです。さまざまな問題を、縦軸、横軸に分けると、構造化されます。これもロジックツリーと同様に、構造化されることで、分析や検討がしやすくなり、問題発見や解決に利用することができます。

　では、何を縦軸、横軸にしたらよいでしょうか？　それがポイントです。つまり、縦軸、横軸には、その問題の重要と思われる「切り口」をもってくると見やすくなります。縦軸、横軸の項目はMECE（モレなくダブリない状態）にしてください。分析の切り口が二つまたはそれ以上あるとき、どの切り口をどの軸にするかが、大変重要になります。これも、習うより慣れることが大切です。

　では、問題をやってみましょう。その切り口を軸にすることで表を作ることができます。

【ワーク15】 トランプを分類しました。それでは、その分類を簡単なマトリックスにしてみてください。

MECEに分解					

　では、もう少し現実的な問題をやってみましょう。

【ワーク16】 英語をマスターするのには、どうしたらよいですか？

　ヒント：あなたが重要だと考える軸を、縦軸と横軸にもってきましょう。

　それは、あなた自身の問題を、あなた自身が発見・解決する手段だからです。

■■解答欄

【ワーク17】次は別の切り口を考えて、マトリックスを作ってみましょう。設問内容は全く同じです。英語をマスターするのには、どうしたらよいですか？

　あなたが重要だと考える軸を、縦軸と横軸にもってきましょう。それは、あなた自身の問題を、あなた自身が発見・解決する手段だからです。

　■■解答欄

　この問題では、実際にはさまざまな制約条件があります。大学生の場合や社会人の場合、時間が十分にある場合や忙しくて時間が取れない場合、お金が十分に使える場合やあまり使えない場合、目標のレベルが高い場合やそれほど高くない場合、学習の期間・時間の制限の有無等が考えられます。

　自分にとってどれが最も重要な要素で、次に重要な要素は何か、あるいはその次は何か？　その重要な要素を切り口、つまり縦軸と横軸にして表を作ってみてください。必要に応じて、切り口を変えてみましょう。これは、解答者の状況によって、答えが変わってきます。なぜなら、解答者の置かれている状況や条件、さらに解答者が重要と考えている要素（切り口）が異なるからです。したがって、正解は一つではありません。解答者（あなた）自身の状況把握や問題発見・解決が少しでも進めば、それがあなた自身の正解になります。

【ワーク18】マトリックス分析において、あなたの考えるクリティカルシンキングのポイントを三つあげて下さい。答えは、あなたが重要だと考えることですから、一通りではありません。

　MECE、ロジック・ツリー、マトリックスで重要なことは、何でしょうか？　分析するためには、どうすればよいのか、これがポイントです。複雑なこと、分かりにくいことは、

とにかく分けて考えることが必要になります。まず、分けることから始めましょう。これは、第2部の就活を分析する上でも、極めて重要な事項になります。ですから、分解⇨解析⇨理解⇨解答と、覚えてしまいましょう。(p30、61「カンニングの勧め」その1、2参照)

■■解答欄

> ☆★★クリティカルシンキングのポイント★★☆
> 　　　分けると見えてくる！

10. MECE カード

英語をマスターする分析では、縦軸、横軸にどの切り口をもってくるかは、悩ましい問題です。あなたが最も重要だと思う切り口を横軸（X軸）に、次に重要だと思う切り口を縦軸（Y軸）にしてください。試行錯誤を行って、入れ替えてもOKです。ただし、それぞれの軸の項目は、MECEにしてください。

最終的には切り口は二つか三つに絞る方が分かりやすいです。切り口はX軸、Y軸、Z軸となり空間図形になってしまいます。しかし、平面の方が、見やすいです。そこでZ軸をあえて平面化したのが、この問題発見・解決マトリックス（MECEカード）です。

例えば今回の解答例を使ってみます。人数も大切ですが、費用の方が重要だと考えた場合は以下のようになります。

一人で	スピーチ	CD、DVD YouTube、Web ラジオ、テレビ、英語の講演	日記	英字新聞 雑誌	
二人以上で	ディスカッション	CD、DVD YouTube、Web、ラジオ、テレビ、英語の講演	メール、ツイッター等SNSを利用	英字新聞 雑誌	
MECEに分解	話す	聞く	書く	読む	
お金をかける	留学・旅行	CD、DVDを買う 映画を見る 英語の講演	通信教育 ダブルスクール	問題集・英語の本を買う	
お金をかけない	ネイティブと話す	YouTube、Web、ラジオ講座、テレビ講座、レンタルDVD	日記	本を借りる	

　何が重要な切り口かは、個人によって異なります。必要に応じて、切り口を変えたり、Y軸（縦の下）とZ軸（縦の上）の関係をチェックしたり、軸ごと入れ替えたりして、最も見やすいものを作ってください。

　さらに、使い方としては、例えば「お金をかけない」×「聞く」＝「YouTube、Web、ラジオ、テレビ、レンタルDVD」を選択した場合、この1マスを対象にして、再度このMECEカード分析をしてみましょう。

【ワーク19】 この表で分析した「お金をかけない」×「聞く」のマスにある「YouTube、Web、ラジオ、テレビ、レンタルDVD」の内容を61ページの問題発見・解決マトリックス（MECEカード）を用いて分析してみてください。

　■解答欄：

このように、必要な箇所にマトリックス分析を繰り返して行うことで、必ずあなたにとって最善の解答が見つかります。

【ワーク20】自分で問題を設定して、MECEカードのマトリックスを利用して、問題発見または問題解決をしてみましょう。

MECEに分解				

習うより慣れろです。あまり難しく考えずに、最初は簡単なものから、試してみましょう。今夜の夕食、次回のデートなど、まずは身近なものからスタートしてください。

【ワーク21】マトリックス分析において、あなたの考えるクリティカルシンキングのポイントを三つあげて下さい。答えは、あなたが重要だと考えることですから、一通りではありません。

■■解答欄

はい！ ティータイム：「カンニング」の勧め（その２）

*先生が「カンニングペーパー」を配布

問題発見・問題解決の基本は、まず分けることです。つまり、分けることで可視化され、自然と答えが見えてきます。さまざまな問題を解くためには、分解⇒解析⇒理解⇒解答のステップを体得する必要があります。さらに、学んだことを、①分かった⇒②解けた⇒③使えたと、ステップアップする必要があります。

そこで、下のような「カンニングペーパー」を配布しています。名刺よりやや小さく、財布に入るので、常に確認ができます。論理的に考える習慣を身につけるためには、とて

も役立ちます（若山 2011）。

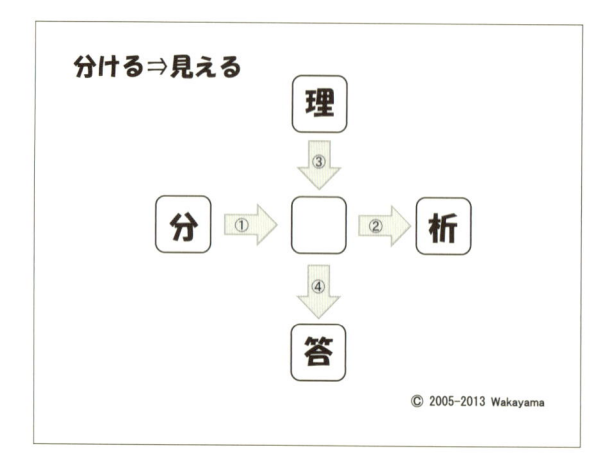

相関は、あるけど、、、

* 順序は？   WHY?

* 第3変数は？

© 2005-2013 Wakayama

問題発見・解決マトリックス　（MECEカード）

© 2005-2013 Wakayama

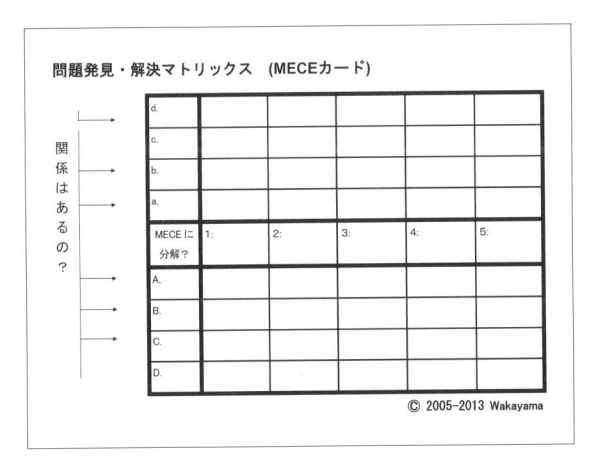

― ■ 解　答　例 ■ ―

1．1．十分条件　　2．必要条件
2．「ソクラテスは人である」
3．① 解答例：「大麻は麻薬だ。」
　　ここでは、二つの前提が、大前提か小前提かは関係ありません。二つの前提から必ずいえる結論が、「大麻は危険だ」です。さらに、学術上大麻が麻薬の分類になるかどうかは、問われていません。二つの前提が真実とした場合、導かれる結論が「大麻は危険だ」となるのです。
② 解答例：「何も入りえない。」
　　「俺はカッコいい」「俺はモテる」「モテるのは俺だ」「カッコいいのは俺だ」すべてNGです。手で考えてください。つまり、ベン図を描くと答えが見えてきます。
③ 解答例：「彼は賢くならない」
　　「A⇨B」の対偶は、「Bでない⇨Aでない」です。「A⇨B」が真のときは、対偶「Bでない⇨Aでない」は常に真になります。ですから、「クリティカルシンキングを学ぶと賢くなる」の対偶は、「賢く

ならないのは、クリティカルシンキングを学んでいない」となります。命題が真ならば、その対偶は真です。

したがって、設問は「賢くならないのは、クリティカルシンキングを学んでいない」「　？　」⇨「彼はクリティカルシンキングを学んでいない」となります。だから、「　？　」には、「彼は賢くならない」または「彼は賢くならなかった」が正解です。なお、ここでは時制は問いません。

④ 解答例：「東京ディズニーランドが混むと、京葉線の利用客が多い」

ここでは、あなたの体験や一般論を尋ねているのではありません。二つの前提が真実だとした場合、必然として導かれるのが結論になっています。

⑤ 解答例：「値下げした商品は売れる。」「商品を値下げすれば売れる」等。

4．①②③④⑤⑥ 全てあなたの作成した解答が、あなたにとっての正解になります。なお正解は一つではありません。

5．これも、さまざまな結論が導き出せるでしょう。

結論1：生がきを食べると、気分が悪くなる。
結論2：サングリアを飲むと、気分が悪くなる。
結論3：P店の生がきを食べると、気分が悪くなる。
結論4：P店のサングリアを飲むと、気分が悪くなる。
結論5：P店で飲食すると、気分が悪くなる。
結論6：田中課長と酒（アルコール）を飲みに行くと、気分が悪くなる。
結論7：仕事の帰りに、酒を飲むと、気分が悪くなる。

6．① リンゴは、甘い味がする。② 桃は、甘い味がする。③ 梨は、甘い味がする。④ ブドウは甘い味がする。これらの事例から、帰納的に導き出せる結論を述べなさい ⇨ 果物は甘い味がする。

7．＊普段から、帰納法を使う際に間違えないようにする。　＊帰納法に関連する思考の罠に気をつける。
　＊「クリティカルシンキングのポイント」を標語にして、覚えて実行する。

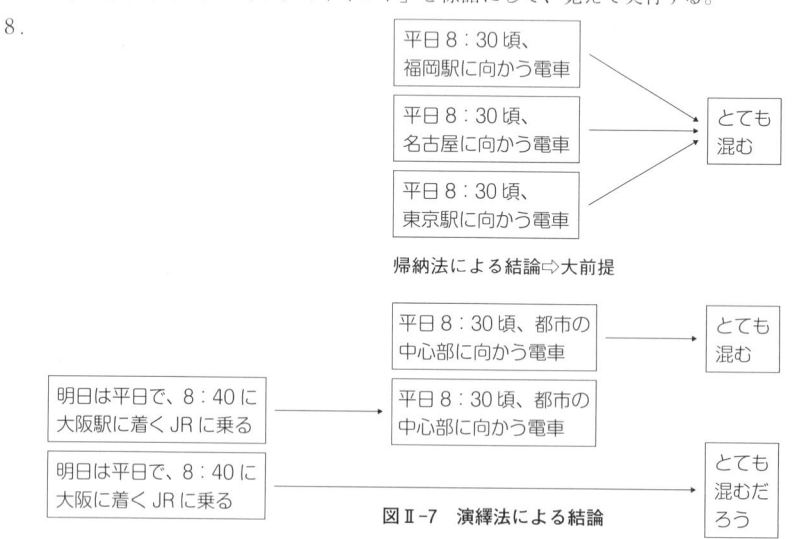

8．

```
平日8:30頃、福岡駅に向かう電車 ┐
平日8:30頃、名古屋に向かう電車 ┼→ とても混む
平日8:30頃、東京駅に向かう電車 ┘
```

帰納法による結論⇨大前提

```
                        平日8:30頃、都市の
                        中心部に向かう電車  → とても混む
明日は平日で、8:40に   →  平日8:30頃、都市の
大阪駅に着くJRに乗る      中心部に向かう電車
明日は平日で、8:40に                         → とても混むだろう
大阪に着くJRに乗る
```

図Ⅱ-7　演繹法による結論

9．＊学生を、大学生、高校生、中学生、小学生に分類　＊12の干支（あるいは十干十二支）に分類　＊血液型でも A、B、O、AB に分類　＊血液型を、Rh＋、Rh－に分類　＊洋服を、〜SS、S、M、L、LL〜に分類　＊時間を午前と午後に分類　＊飛行機の客席を、ファースト、ビジネス、エコノミーに分類　＊書籍を和書と洋書に分類

10. 成人を、学生、社会人、主婦（または主夫）、無職に分類する。
    ① 例えば、社会人かつ学生など、ダブりが存在する。② 例えば、職業の有無、主婦（または主夫）か否か、学生か否かを、個別に分類する。
    なお、MECEでない分類には、さまざまな解答があります。

11. あなたの作成した解答が、あなたにとっての正解になります。重要な切り口が上位にあり、モレなく入っているからです。

12. あなたの作成した解答が、あなたにとっての正解になります。重要な切り口が上位にあり、モレなく入っているからです。

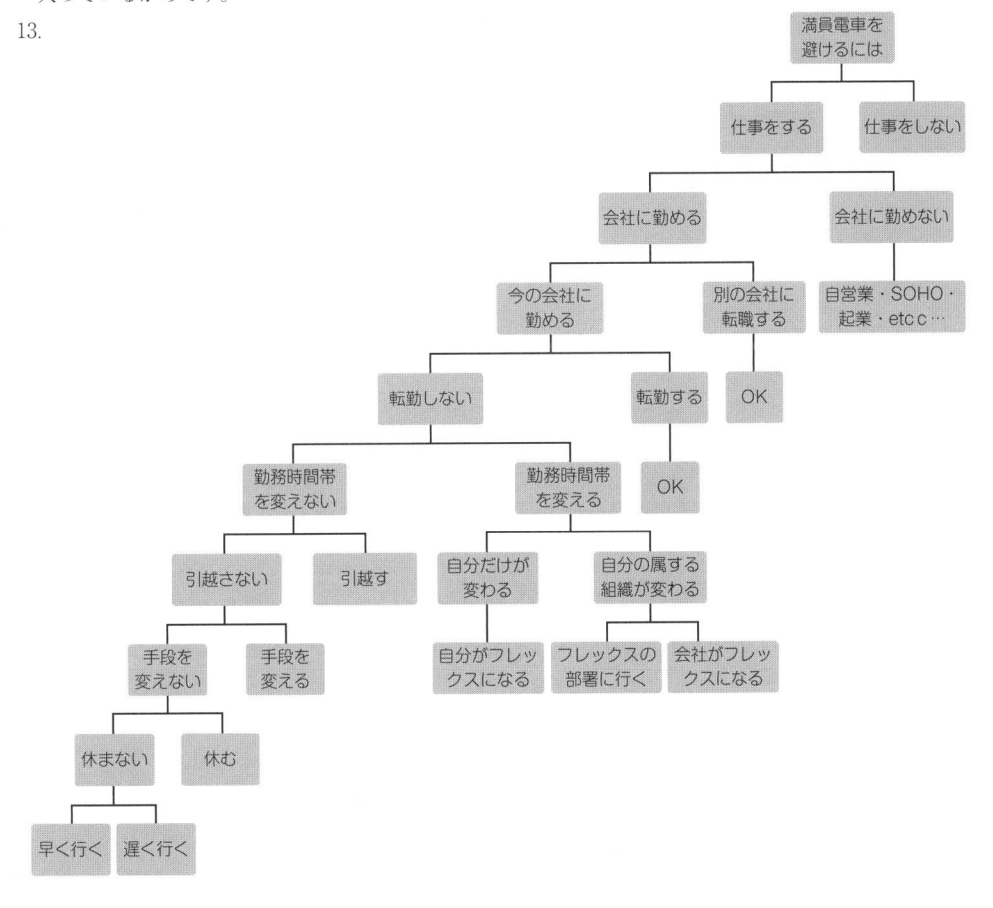

13.

```
満員電車を避けるには
├─ 仕事をする
│   ├─ 会社に勤める
│   │   ├─ 今の会社に勤める
│   │   │   ├─ 転勤しない
│   │   │   │   ├─ 勤務時間帯を変えない
│   │   │   │   │   ├─ 引越さない
│   │   │   │   │   │   ├─ 手段を変えない
│   │   │   │   │   │   │   ├─ 休まない
│   │   │   │   │   │   │   │   ├─ 早く行く
│   │   │   │   │   │   │   │   └─ 遅く行く
│   │   │   │   │   │   │   └─ 休む
│   │   │   │   │   │   └─ 手段を変える
│   │   │   │   │   └─ 引越す
│   │   │   │   └─ 勤務時間帯を変える
│   │   │   │       ├─ 自分だけが変わる
│   │   │   │       │   └─ 自分がフレックスになる
│   │   │   │       └─ 自分の属する組織が変わる
│   │   │   │           ├─ フレックスの部署に行く
│   │   │   │           └─ 会社がフレックスになる
│   │   │   └─ 転勤する → OK
│   │   └─ 別の会社に転職する → OK
│   └─ 会社に勤めない → 自営業・SOHO・起業・etc…
└─ 仕事をしない
```

14. 解答例：「手で考える」「切り口を探す」「分けると見えてくる」

15.

MECEに分解	スペード	クラブ	ダイヤ	ハート
奇数				
偶数				

16.

	話す	聞く	書く	読む
お金をかける	留学・旅行、英会話学校	CD、DVDを買う 映画を見る 英語の講演	通信教育 ダブルスクール	問題集・英語の本買う
お金をかけない	ネイティブと話す	YouTube、Web ラジオ、テレビ	日記	本を借りる

17.

	話す	聞く	書く	読む
一人で	スピーチ	CD、DVD YouTube、Web ラジオ、テレビ 英語の講演	日記	英字新聞 雑誌
二人以上で	ディスカッション	CD、DVD YouTube、Web ラジオ、テレビ 英語の講演	メール、ツイッター等SNSを利用	英字新聞 雑誌

18. 解答例:「手で考える」「切り口を探す」「分けると見えてくる」
　　学びのポイント:「手で考える」「切り口を探す」「分けると見えてくる」

19. 「YouTube、Web、ラジオ、テレビ、レンタルDVD」を分析した例。
　<u>お金をかけないで英語を聞く ⇨ お金をかけないで英語のリスニングをするには</u>

　　横軸には、YouTube、Web、ラジオ、テレビ、レンタルDVDを、縦軸には自分で重要と思える切り口をおいてみましょう。

　　例えば、表の中には、実現可能性の大小や、面白いかどうかなどを◯×△などで評価してみるのもよいでしょう。分析の主体はあなたです。あなたにとって重要か、必要か、あるいは、便利か、続けられそうか等、自分自身で評価してみましょう。

移動中でも	△	△	▲ 極めて限定的	▲ 極めて限定的	▲
自宅でいつでも	◎	◎	△ 限定的	△ 限定的	◯ 借りに行くのは面倒
自宅で決まった時間	◎	◎	◎	◎	◯ 借りに行くのは面倒
MECEに分解	YouTube	Web	ラジオ講座	テレビ講座	レンタルDVD
平日に	◯ TED等	△ 探す手間	× 時間が決まっている	× 時間が決まっている	◯ 借りに行くのは面倒
休日に	◯ TED等	△ 探す手間	× 時間が決まっている	× 時間が決まっている	◯ 借りに行くのは面倒
長期休暇（夏休み、春休みなど）	◯ TED等	△ 探す手間	△	△	◯

20. あなたの作成したものが、あなたにとっての正解になります。なぜならあなたにとっての関心事が、あなたにとっての重要な切り口で分析されているからです。
21. 解答例：「手で考える」「切り口を探す」「分けると見えてくる」
　　学びのポイント：「手で考える」「切り口を探す」「分けると見えてくる」

Ⅱ　手で考えよう　67

CHAPTER III

立場を替えて考えよう

　傍目八目（おかめはちもく）という言葉をご存知でしょう。囲碁を打っている当事者よりもそばで見ている観客の方が、情勢を客観的に捉えることができるということです。ですから、論理的に客観視するには、複視的に物事を分析する必要があります。常に、当事者でなく第三者の視点をもつように心がけることが大切です。推論するときに陥りやすいさまざまな罠は、立場を替えて考えてみると見えやすくなるのです。

1．前提を疑おう

(1)暗黙の前提

【例題１】　次の例の前提はどこかヘンでしょうか？　もしヘンだと思うなら、その理由も考えてください。

　　「田中さんは、日本人だ」［前提］
　　したがって「田中さんは、英語が苦手だ」［結論］
　　■■■解答例：ヘンだと思う。なぜなら、これには「日本人は、みな英語が苦手だ」という暗黙の大前提があり、それが正しいとは限らないから。

　確かに、この論理展開では［大前提］がないものの、当然のこととして話し手の頭の中にはあります。それは「日本人は、みな英語が苦手だ」ということです。したがってこの設問では、暗黙の前提が大前提になっています。暗黙の前提（大前提）を明示すると、以下のような演繹法の論理展開となります。演繹法は第１章で説明しましたので、ここでは復習になります。

　　「日本人は、みな英語が苦手だ」［大前提］
　　「田中さんは、日本人だ」［小前提］
　　したがって「田中さんは、英語が苦手だ」［結論］

　この論理の展開は図に表すと以下のようになります。

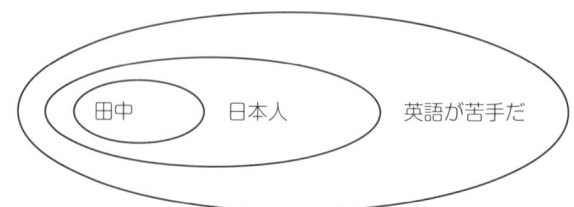

【ワーク１】「日本人は、みな英語が苦手だ」［大前提］・「田中さんは、日本人だ」［小前提］・したがって「田中さんは、英語が苦手だ」［結論］、この論理展開では、正しい結論が導かれているでしょうか？　その理由も自分の言葉で書いてみてください。

■■解答欄

　この論理展開では、演繹的な論理の展開が間違っていたのでしょうか？　演繹的なアプローチとしての論理展開は間違ってはいません。ではなぜ、この結論が正しいといえないのでしょうか？　またそもそもの大前提は、正しいのでしょうか？

　「日本人は、みな英語が苦手だ」という大前提について考えます。確かに日本で生まれ育った人にとって、英語は学校で学ぶ外国語であり、子どもの頃から日常生活で使ってきた人は少ないでしょう。ですから、日本人で英語が苦手な人は多いでしょう。しかし、日本人がみな英語が苦手なわけではありません。親が英語を日常的に話していたり、英語圏で生まれ育ったりした日本人も多くいます。したがって「日本人は、みな英語が苦手だ」という大前提が正しいとはいえません。やはり、取り入れた情報が間違っていれば結論は間違ってしまいます。

【ワーク２】田中さんの英語の問題では、なぜ正しいとはいえない結論に至ってしまったのでしょうか？

■■解答欄

　さて、暗黙の前提が正しくないことにより誤解や誤った結論を導くことは推論の罠です。この罠に陥らないようにするためには、理解を深める必要があります。理解を深めるために次の問題にチャレンジしてみてください。

【ワーク３】あなたの日常の身の周りのことで、暗黙の前提（大前提）が正しくないことによる推論の罠の例を、できるだけあげてみてください。①　その際の暗黙の前提は何でしょうか？　②　また、暗黙の前提（大前提）を修正した場合には、その前提と結論はどうなるのかを、分かりやすく書いてください。

■■解答欄

【活用へのステップ】では、この暗黙の前提（大前提）による推論の罠に陥らないようにす

Ⅲ　立場を替えて考えよう

るには、まず、どうすればよいでしょうか？　それは、難しいことではありますが、日頃から常に暗黙の前提（大前提）が正しくないかもしれないと考えてみることです。

では日頃から常にこの推論の罠に注意し、今後、この論理の省略という推論の罠に陥らないためには、具体的に何をすればよいのでしょうか？　まず、変なところはないかな？と立ち止まり、少しでも、「ヘンかな？」と思ったら、再考してみることです。また「クリティカルシンキングのポイント」等を作って、普段から思い出して実行すれば、推論の罠に陥りにくいでしょう。

【ワーク４】それでは、暗黙の前提による推論の罠に陥らないために、今回はあなたが、「クリティカルシンキングのポイント」を作ってください。自分で作るのですから、一生忘れないユニークな、あなた自身の「クリティカルシンキングのポイント」を作ってみましょう。

■■解答欄

> ☆★★クリティカルシンキングのポイント★★☆
> 「んーーっ。チョット、マッタ！」と、立ち止まろう。
> 「それって、ホント？　なぜ、本当？」と、問い続けよう。
> 「それって、暗黙の前提があるの？」

(2)前提の間違い

これまでは、前提が明示されていない例を扱いました。今回は前提が明示されている例を考えてみましょう。

【例題２】次の二つの前提はどこかヘンでしょうか？　もしヘンだと思うなら、その理由も考えてください。

「見た目がよい人は、採用される」［大前提］
「Ａさんは、見た目がよい」［小前提］
したがって、「Ａさんは、採用されるだろう」［結論］

■■解答例：ヘンである。なぜなら「Ａさんは、見た目がよい」は、事例なので真実と考えられるが、「見た目がよい人は、採用される」は、真実とはいいきれないから。つまり、見た目がよくても採用されない人もいるから、ヘンである。

第一印象で見た目がよい、きれいだ、感じがいいということは、面接で有利かもしれません。これは認知的なバイアスの一つでハロー効果といわれています。しかし、見た目が

よいということだけで、採用が決定されることはほとんどないでしょう。本人の能力、態度、やる気、人柄などさまざまな事柄が考慮されます。つまり、見た目がよくても、能力や態度が職務遂行に適さないと判断されれば、採用されないでしょう。

この演繹的論理展開では、見た目と採用の問題では正しいとはいえない結論に至ってしまいました。しかし、この演繹的なアプローチとしての論理展開そのものは間違っていません。では、なぜ正しい結論に至らなかったのでしょうか？　それは前提が常に正しいとはいいきれない、つまり前提自体に誤りがあったために結論が正しくならなかったのです。

取り入れた情報が間違っていれば、結論は間違ってしまいます。この論理展開には暗黙の前提（条件）が隠されています。その前提（条件）とは、例えばファッション・モデルの募集のように外見が重視されることなどがあげられます。したがって、この論理展開は次のようになります。

「ファッション・モデルの募集など外見が重視されるときは、見た目がよい人は採用される可能性が高くなる」［大前提］

「Aさんは見た目がよい」［小前提］

したがって「Aさんは採用される可能性が高い」［結論］

【ワーク5】次の二つの前提はどこかヘンでしょうか？　もし、ヘンだと思うならその理由も考えてください。

「カロリーが高いものを食べると、体重が増える」［大前提］

「お菓子はカロリーが高い」［小前提］

したがって「お菓子を食べると体重が増えてしまう」［結論］

■解答欄

【ワーク6】演繹的アプローチは正しいにもかかわらず、なぜ、英語の問題例、見た目の問題例、カロリーの問題例は、結論を誤ってしまったのでしょうか？　これらの共通した間違いは何か、考えてみてください。

■解答欄

ここで、共通していえることは、前提が正しくないということです。さて、前提の間違いにより、誤解や誤った結論を導くことは推論の罠です。この罠に陥らないようにするためには、これについてさらに理解を深める必要があります。理解を深めるために次の問題にチャレンジしてみてください。

Ⅲ　立場を替えて考えよう

【ワーク７】あなたの日常の身の周りのことで、前提が正しくないことにより誤解が生じる推論の罠の例を、できるだけあげてください。さらにその誤解を説明してください。
　■■解答欄

---

① まずは、自分で考え、解答を探し出して、自分の言葉で書いてみましょう。
② それから、その内容が解答として、適切に設問に答えているかを考えてみましょう。
　世の中には、間違いやすい情報や間違った情報が蔓延しています。特に、人の評価に関する情報は、差別にもなりかねませんので細心の注意が必要です。では、この前提の間違いによる推論の罠に陥らないためには、まず、どうしたらよいでしょうか？

【例題３：活用へのステップ】推論の罠に陥らないためには、日頃から常にこの推論の罠に注意すればよいです。とはいえ、それは、頭ではわかっていても実行に移すのはなかなか難しいことです。このことを考えると、今後、この前提の間違いという推論の罠に陥らないためには、具体的に何をすればよいのでしょうか？
　　■■解答例：＊まず、ヘンかな？　と立ち止まる。少しでも、「ヘンかな？」と思ったら、再考してみる。＊「クリティカルシンキングのポイント」を作って、普段から思い出して実行すれば、推論の罠に陥らない。

【ワーク８：活用へのステップ】それでは、前提の間違いによる推論の罠に陥らないために、今度はあなたが一生忘れないユニークな、あなた自身の「クリティカルシンキングのポイント」を作ってください。
　■■解答欄

> ☆★★クリティカルシンキングのポイント★★☆
> 「前提は、あるの？　何なの？　合っているの？」
> 「前提は、適切か？」
> 「それって、前提、妥当ですか？」

> 　　はい！　ティータイム
> 　与えられた情報が少しでも間違っていたら、結論は正しいといえなくなってしまいます。これをコンピュータの情報処理の分野ではよく"Garbage In, Garbage Out"といいま

す。つまり「ゴミを入れれば、ゴミが出てくる」ということです。どんなに素晴らしい素材・情報をたくさん集めて、正しく論理展開しても、取り入れた情報に「ゴミ」が混ざっていれば出てくる結論は「ゴミ」なのです。

例えば、アルプスのナチュラル・ミネラル・ウォーターが、1000リットルあっても、1リットルのゴミが混ざれば、全体は単なる「ゴミ」にすぎません。

"Garbage In, Garbage Out" は GIGO ともいわれ、もともと "FIFO" のもじりだともいわれています。ところで、このFIFOという言葉（First In、First Out）は会計学や情報工学の分野で「先入れ先出し」の意味で使われています。

FIFOとGIGOの違いは何でしょうか？　GはFの1つ先の1文字違いということです。コンピュータは高速演算が可能ですが、速すぎて一文字でも先へ行ってしまえば、全てが「ゴミ」になりますからね。

(3)一般化しすぎ

【例題4】次の例による一般化はどこかヘンでしょうか？　もしヘンだと思うなら、その理由も考えてください。

「スズメは空を飛ぶ」「カラスは空を飛ぶ」「鳩は空を飛ぶ」したがって「鳥は空を飛ぶことができる」

■■解答例：この一般化の過程がヘンだと考えられる。なぜなら、ダチョウ、ペンギンなど空を飛べない鳥もいるから。

この論理の展開は帰納的なアプローチとしては、正しいです。しかし、ペンギンは鳥なのに空を飛べません。

【例題5】なぜ結論を間違ってしまったのでしょうか？

■■解答例：＊サンプルが適切とはいえないから。　＊サンプル数が少ないのに、一般化して結論を導いたから。

【ワーク9】次の例による一般化はどこかヘンでしょうか？　もしヘンだと思うなら、その理由も考えてください。

「有名国立大学卒のA君は仕事が速くて正確だ。」
「有名国立大学卒のB君は仕事が速くて正確だ。」
「有名国立大学卒のC君は仕事が速くて正確だ。」
　　⇩
したがって、「有名国立大学卒の人は、仕事が速くて正確だ。」

■■解答欄

帰納的なアプローチとしては、正しい論理展開ですが、結論は必ずしも正しくありませ

ん。その理由を考えてみてください。

【ワーク10】
(1)鳥の問題例と有名国立大学卒の問題例は、ともに演繹的なアプローチは間違っていません。では、なぜ、正しい結論に至らなかったのでしょうか？
(2)鳥の問題例と有名国立大学卒の問題例において共通した間違いは、どのようなことでしょうか？

■■解答欄

さて、一般化をしすぎることにより誤解や誤った結論を導くことは推論の罠です。この罠に陥らないようにするためには、さらに理解を深める必要があります。理解を深めるために次の問題にチャレンジしてみてください。

【ワーク11】あなたの日常の身の周りのことで、一般化しすぎることによる推論の罠の例を、できるだけあげてください。その際には、一般化しすぎない場合にはどうなるのかを分かりやすく書いてください。

■■解答欄

この推論の罠に陥らないために、日頃から常に「一般化しすぎではないか」と考えてみましょう。しかし、それを分かっていても実行するのは難しいです。この推論の罠に陥らないために、これまでと同様に「クリティカルシンキングのポイント」にまとめてみましょう。

【ワーク12】それでは、一般化しすぎによる推論の罠に陥らないために「クリティカルシンキングのポイント」を作ってください。自分で作るのですから、一生忘れないユニークなあなた自身の「クリティカルシンキングのポイント」を作ってください。

■■解答欄

> ☆★★ クリティカルシンキングのポイント ★★☆
> 「それは、勝手な一般化かもしれない」　「一般化しすぎは許されない」
> 「勉強はしすぎても、一般化はしすぎない」　「サンプルは適切か？」

【ワーク13】次の例による一般化はどこかヘンでしょうか？　もし、ヘンだと思うなら、その理由も考えてください。

「A君はO型だ。いつも言うことが結構アバウトでイイカゲンだ。」
「B君はO型だ。彼のレポートはいつもアバウトでイイカゲンだ。詰めが甘い。」
「C君はO型だ。彼はがんばっているが、仕事のできはかなりアバウト（イイカゲン）だ。これではお客さんに出せないな。」
⇩
したがって、O型はアバウトでイイカゲンだとよくいわれるが、やっぱりそのとおりだ。

■■解答欄

この血液型の問題から、あなたは何を学びましたか？　これまでの学習方法を振り返ってみましょう。

どのような問題でも重要な学びを得たときは、クリティカルシンキングのポイントにした方がよいでしょう。是非、やってみてください。

> ☆★★ クリティカルシンキングのポイント ★★☆
> 「科学的な根拠はあるか？」　「単なる迷信か？」

O型はアバウトだ、イイカゲンだなどの血液型性格診断はいまだ科学的なデータも根拠も明らかになっていません。これは、ちまたにあふれている血液型に関しての先入観によるものであり認知的なバイアスです。人の認知にはこのような習性があるのです。

> **はい！　ティータイム：クリティカルシンキングと知識（その1）**
>
> 「この授業は教科書の内容を暗記したら、単位は取れますか？」と、教員の私に尋ねてくる学生がいます。「それって、ホント？」と尋ね返すことにしています。確かに、クリティカルシンキングは単なる知識ではなく、覚えることが少ないので暗記は簡単でしょう。しかし、暗記しても使えなければほとんど意味がありません。

また、クリティカルシンキングのことを知っている社会人の方の中には、クリティカルシンキングは単なる知識の獲得ではないから、「独学で学ぶのは難しい」という人もいます。やはり、「それって、ホント？」と、私ならお尋ねしたいです。
　現在社会人の方で、学校でクリティカルシンキングを学んだ人はまだ多くはありません。これまでの一般の教育課程では、クリティカルシンキングの授業がなかったからです。しかし本当に「独学で学ぶのは難しい」のでしょうか？　そもそも歴史的に見ても、これまで偉業を成しえた人々は、クリティカルシンキングを授業として学んでいないのです。信長、家康、吉田茂はもちろんのこと、歴代の総理大臣でも学生時代にクリティカルシンキングの授業を受けていないでしょう。例えば、秀吉は現代流に言えばOJT（On-the-Job Training）による学びや実践知に優れた能力を持っていたのでしょう。
　では、どうしたらクリティカルシンキングができるようになるのでしょうか？　その必要性を実感して、その有効性を体験すれば、クリティカルシンキングを学ぶことはけっこう楽しくできます。多分秀吉もそうだったのでしょう。クリティカルシンキングを独学で学ぶことが特に難しいということはありません。その気になれば誰でも一人で学べます。
　なお、クリティカルシンキングは新しい分野であり、今まで授業がなかったのは事実です。それは、現在のビジネスにおける「英語」や「PC」と酷似しています。クリティカルシンキングも「英語」や「PC」のように、今や社会における「必需品」です。最近では文献やWebなどさまざまな学習手段がありますので、独学でも十分に習得可能です。
　ところで、クリティカルシンキングと学校の授業でこれまで学んできた知識とは、どのような関係になっているのでしょうか？　是非、これをクリティカルシンキングしてみてください。

(4)情報は本質的か？──最後の藁

【例題6】 次の論理展開はどこかヘンでしょうか？　もし、ヘンだと思うならその理由も考えてください。

　　A子「彼氏と5年も付き合っていたのに、なぜ別れたの？」
　　B子「彼ったら、この前私と会っているとき、ケータイばかり見ていたから」
　　■解答例：どこかヘンだと考えられる。なぜなら、5年間も付き合っていて、これまでに彼がデート中にケータイをよく見ることを分からなかったということは、奇妙な話だからである。

　5年間も付き合っていて、彼がデート中にケータイをよく見ることをこれまで知らなかったということ自体は不自然です。それまでのデートでも、彼女のことをあまり大切に扱わなかったり気配りがなかったことが考えられます。あるいは、根本的原因は他にあったかもしれません。浮気をしたとか飽きたとか親が反対したとか、何か他にもっと大きな原因があったと考えられます。
　デートのときにケータイを見るのは些細なことかもしれません。しかし、そのような行動が積もり積もると限界に達します。物事には限界があります。その限界をわずかでも超えると破綻してしまいます。限界の最後の状態において、さらにかけられた小さな負荷を

「最後の藁」といいます。

　藁はとても軽いものですが、背中に荷物が限界まで積まれているラクダに軽いからといって最後の一本の藁を載せるやいなや、ラクダの背骨が折れてしまいます。そんな諺に由来しています。クリティカルシンキングにおいては、本質的な原因ではないが、限界を超えた最後の小さな負荷やきっかけが「最後の藁」です。これもよく陥る推論の罠です。

【ワーク14】次の例は、最後の藁といえるでしょうか？　その理由もあげてください。「それってホント？」と、考えてみてください。

　　1．30年来の夫婦の離婚の原因は、夫が言った「メシがまずい」の一言
　　2．オーストリア皇太子の殺害事件（サラエボ事件）　1914年
　　3．エルサルバドルとホンジュラスのサッカー戦争になったサッカー試合　1969年
　　4．大津事件　1891年
　　5．北朝鮮、テポドン発射事件　1998年

　■■■解答欄

　最後の藁かどうかの判断は難しいこともあります。しかし、ここでは歴史上の立場や解釈を問題にしているのではありません。

　また、最後の藁になった史実は歴史の教科書にも載りますが、最後の藁にならなかったことは教科書になかなか載りません。歴史的にはあまり目立ちませんが、先人達が多くの努力をして最後の藁にならないようにした件数は、最後の藁になった件数よりずっと多くなります。

　最後の藁かどうかを判断するには、そのことが本質的な原因かどうかを確認してください。この推論の罠はだれでも陥りやすいので、注意が必要です。ですからさらに理解を深めるために、次の問題にチャレンジしてみてください。

【ワーク15】
(1)あなたの日常の身の周りのことで最後の藁といえる事柄をあげてください。さらに、なぜ最後の藁といえるのか、その理由をあげてください。
(2)また、あなたの日常の身の周りのことで最後の藁にならなかった事柄をあげてください。さらに、なぜ最後の藁とはいえないのか、その理由を書きなさい。

　■■■解答欄

　推論の罠に陥らないためには、普段からこの推論の罠に注意すればよいです。とはいえ、

Ⅲ　立場を替えて考えよう

実行に移すことはなかなか難しいことです。この最後の藁という推論の罠に陥らないためには、少しでも「ヘンかな？」と思ったら、まず再考してみることです。そして「クリティカルシンキングのポイント」を作って、普段から思い出して実行することです。

ではこれまでと同様に「クリティカルシンキングのポイント」にまとめましょう。

【ワーク16：活用へのステップ】

それでは、最後の藁による推論の罠に陥らないために、今回はあなたが一生忘れないユニークな、あなた自身の「クリティカルシンキングのポイント」を作ってみましょう。

■■解答欄

> ☆★★ クリティカルシンキングのポイント ★★☆
> 「それって、なくても、結果は同じ？」
> 「それって、本質？　それともオマケ？」
> 「本質は何？」

さて、次に応用問題です。

【ワーク17】

①最後の藁といえる事柄と、最後の藁にならなかった事柄はどちらが多かったですか？
②では、なぜそうなるのでしょうか？　是非、クリティカルシンキングしてみてください。

■■解答欄

はい！　ティータイム：クリティカルシンキングと知識（その2）

みなさんは、学校で多くの知識を獲得してきました。しかし、学校で学んでも、全く使ってない、あるいは使えないものも少なくありません。学生時代に覚えたけど、現在使えない多くの知識は、そのままではクリティカルシンキングでなかなか活用できません。なぜなら、クリティカルシンキングは「覚える」でなく「考える」ですから。それでは、クリティカルシンキングを行うためには、知識の獲得は不要なのでしょうか？

昨今、論理的思考能力やクリティカルシンキングを身につける必要性が高いといわれています。小学校、中学校、高校、大学、社会人に必要とされているのはどれも同じ「クリティカルシンキング」という言葉になります。しかし、同じ言葉でもそのレベル・内容は

大きく異なります。
　クリティカルシンキングするためには、より多くの知識や知識から得られるものが、実際に活用できなくてはなりません。知識とは今日までに人が考えてきた蓄積であり、人類が積み上げた財産です。そこには多くの知恵やヒントがあります。ですから、クリティカルシンキングを行うときに積極的に活用しましょう。知識は考えることに使ってこそ、クリティカルシンキングに役立ってこそ、価値があるのです。なぜ、学校で多くのことを学び暗記するのでしょうか？　それはより優れたクリティカルシンキングを行うためだ、とも考えられるのです。
　クリティカルシンキング自体も同様です。学んでクリティカルシンキングの知識だけを有していても、使えなければ役に立たないし意味がありません。分かったところから、使えそうなところから、是非積極的に使ってください。最初から完璧に使いこなせる人はいません。「習うより慣れろ」です。いつでも、どこでも必要なクリティカルシンキングができるようになるのが理想です。ですから、まずは今日からあなたの日常の中で、本書から得た内容を積極的に活用してみてください。

２．自分の考えを疑おう

(1)事例と前提が不一致

次のアルバイトの人達の会話を読んで、以下の問題に答えなさい。
　Ｂ子「人間はみな平等だと、学校の授業で習ったわ。」
　Ａ夫「そうだね。社長も平社員もみな人間だから、基本的には平等なんだ。平等っていうなら全て平等にしないとね。」
　Ｃ男「そうか。分かった。それなら、社長も平社員も同じ仕事するのだから、社長もコピーを取るべきだ。」
　Ａ夫「実際は、新入社員だから僕がコピーを取っている。平社員も社長も平等なんだよね。それなら社長もコピーを取るべきじゃないかな。」
　Ｂ子「でも、社長はコピーを取ってないわね。どうしてでしょうかね。」
　Ａ夫「人間の平等は建て前だけで、本音は違うのかな？」
　Ｂ子「実際は、人は平等ではないのですか？」
　係長「んーー。ちょっと、待った。どこかおかしくないかな？」
　Ａ夫「むずかしいな。」
　Ｂ子「平等って、一体何なのかしら？」

【例題７】話の展開は、どこがおかしいのでしょうか？　おかしいところを、指摘してください。
　　　解答例：＊おかしいのは、平等の意味、使い方を取り違えているところである。
　　　　＊平等の前提となることと平等の事例が一致していない。

Ⅲ　立場を替えて考えよう

この話の理論展開は、以下のとおりである。
　　①「人はみな、平等である。」⇨②「社長は、人である。」⇨③「したがって、社長も平等にコピーを取るべきだ。」

　しかし、一般に社長はコピーを取らないし、雑巾がけをしていません。では、どこがどのようにおかしいのか分析してみましょう。
　AならばB、BならばC、したがって、AならばC。これは、これまでに学んだ三段論法です。一般にA⇨B、B⇨C、ゆえにA⇨Cと書きます。演繹法ともいいます。
　では、次の論理展開はどうでしょうか？　人はみな平等である。社長は人である。社長も人に指示せず、自らコピーを取るべきである。つまり、「社長（A）ならば人（B）である。人（B）ならばみな平等である（C）。したがって、社長（A）は自らコピーを取るべきである（C）」。社長⇨人、人⇨みな平等、ゆえに、社長⇨自らコピーを取る。だから、A⇨B、B⇨C、ゆえに、A⇨Cの形になっています。演繹的なアプローチとしての論理展開としては正しいことになります。もし、これが正しければ社長も自らコピーを取るべきとなります。

【ワーク18】 では、人の何が平等なのでしょうか？　先ほどの会話の中では、具体的に何を指しているのでしょうか？　つまり「人の〇〇が平等である。」とすると、〇〇にはどんな言葉を入れることができますか？　その言葉をあげてください。

　　▶解答欄

　確かに、憲法上でもうたわれているのは① 基本的人権です。これは、全ての人はみな平等です。しかし② 仕事処理能力や③ 期待される業務遂行能力は知識・経験等の違いによって、人それぞれによって異なります。
　この事例でいう「人はみな、平等である」とは、その前提は「基本的人権」に関することです。しかし、その「基本的人権に関すること」という前提に、業務遂行の役割という本質の異なる事例に当てはめてしまうと、妥当でない結果を招いてしまうのです。
　つまり、ここでいう「平等である」の意味は、使い方が ① であるべきなのに、② や ③ の使い方をしているのです。このように「平等」の事例が、当てはめるべき前提と合っていないために、おかしな結果になってしまったのです。
　さて、事例と前提の不一致によって誤解や誤った結論を導くことは推論の罠です。この罠に陥らないようにするためには、これについて理解を深める必要があります。理解を深めるために次の問題にチャレンジしてみてください。

【ワーク19】 あなたの日常の身の周りのことで、事例と前提が合っていないことによる推論の罠の例を、できるだけあげてみましょう。その際、事例と前提が合っている場合には

結論はどうなるのかを、分かりやすく書いてください。
■■解答欄

___

　では、事例と前提の不一致という推論の罠に陥らないためには、まずどうしたらよいでしょうか？

　今回の社長のコピー問題は論理の展開の問題ではありません。意味の取り違えとはいっても、具体的な事例における使い方と前提における使い方が、全く異なるのです。全く異なる複数の使い方がある場合には細心の注意が必要になります。

　推論の罠に陥らないためには、日頃から常に事例と前提が合っているか、ということに注意すればよいです。まず、ヘンかなと感じること。少しでも「ヘンかな？」と思ったら、再考してみることにしましょう。

【ワーク20：活用へのステップ】

　それでは、事例と前提の不一致という推論の罠に陥らないために、今回はあなたがあなた自身の「クリティカルシンキングのポイント」を作ってください。一生忘れないユニークな「クリティカルシンキングのポイント」を作ってみましょう。

■■解答欄

___

> ☆★★ クリティカルシンキングのポイント ★★☆
> 「んーーっ。チョット、マッタ！」と、立ち止まろう。
> 「事例が、前提に合っているか？」
> 「いつも心に疑問の眼」（cf. いつも心に太陽を）

> **はい！　ティータイム：「表現の自由」って、本当はどういうこと？**
>
> 　この種の間違いはたびたび見かけるので、注意しましょう。よく間違えるのが「表現の自由」です。これを「文章の書き方は本人の自由」と、考えている人がかなりいます。たとえ助詞の使い方が的確でなくてもよい、本来は「は」とすべきところを「が」としても、また本来「へ」とすべきところを「に」としても「を」としても、使い方は本人の自由だと思っているようです。
>
> 　しかし、そもそも憲法で認められている「表現の自由」とは、集会・結社や言論・出版の自由を認めているものです。これは、いわゆる思想信条の自由であり、これと共に議論されることが多いです。なぜなら、考えるのは自由だが表現できないのでは、全く意味が

Ⅲ　立場を替えて考えよう

ないからです。日本国憲法第３章第21条では「集会、結社及び言論、出版その他一切の表現の自由は、これを保障する。」とされています。
　つまり、ここでいう「表現の自由」と「文章の書き方は本人の自由」とは、全く異なるのです。「人は平等」「表現の自由」等は、法律の基本である憲法の基本的な事項の解釈です。これを間違えると恥をかくことになります。恥をかけばまだよい方でしょう。実際には、だれも何も口にせず、ただ聞いた人は心の中であなたのことを笑うだけかもしれません。では、意味を間違えて使っている例、恥をかきそうな例、心の中で笑われてしまいそうな例をあげてみます。
　「情けは人のためならず」「役不足」「一姫二太郎」「廊下とんび」「閑話休題」「転がる石に苔は生えない」「馬子にも衣装」などなど、是非一度自分で意味を確認してみてください。

(2)本当の目的は何か？──手段と目的の混同

【例題８】次の例は、どこか違和感がある内容です。では、どこがヘンでしょうか？　ヘンだと思う理由を考えてください。

① マイレージを貯めるために、あえてカードを頻繁に使う。
② 100円ショップはとても安いから、必要以上に買い物をする。買ったものは、全てを使うわけでもない。

　■■■解答例
　　① どこがヘンか：マイレージのためにあえてカードを頻繁に使うこと。
　　　ヘンだと思う理由：カードを使った結果としてマイレージが貯まるのに、あえてカードを頻繁に使うのは本末転倒だから。
　　② どこがヘンか：安いからといって必要以上に買い物をすること。
　　　ヘンだと思う理由：買い物の基本は必要だから買うことであり、安いから買うことではないから。「何のための買い物か」を全く考えていないから。

【例題９】前例題の①と②には、手段と目的の混同が見られます。
　それぞれ本来の手段と目的をあげてみてください。さらに、この事例の場合の手段と目的も可能な限りあげてみましょう。

　■■■解答例：設問の情報は限られているが、その中でも以下のことが考えられる。

		手段	目的
1	本来	マイレージが自動加算で	貯まったときには旅行を
	事例	カードをあえて利用して	マイレージの積極加算を
2	本来	100円ショップという店で	安価で必要なものを
	事例	（　　N.A.　　）	100円ショップでむやみに購入

【ワーク21】次の例はどこか違和感がある内容です。では、どこがヘンでしょうか？　ヘンだと思う理由を考えてください。
① 勉強するための学費を稼ぐためにアルバイトを始めた。しかしアルバイトに夢中にな

りすぎたために、勉強の時間が激減した。
② 今の時間帯はポイントが10倍だから、とにかくこの時間帯にたくさん買おう。
③ 顧客にリピータになってもらうべく、無料のポイントカードをできるだけ多くの人に作ってもらうことに決めた。社員とアルバイトが努力してノルマを達成した結果、ポイントカードの枚数は激増した。しかし、売り上げは伸びなかった。

■■解答欄

これらは、日常的に起こりうる話題です。どこが、どうおかしいのでしょうか？
　例えば、②の事例、ポイント10倍を考えてみます。なぜ買い物をするのでしょうか？必要なものを入手するためです。つまり、本来の目的が「必要なものの入手」であり、本来の手段が「買い物」です。しかし、この事例は目的が「買い物によるポイント集め」であり、手段が「10倍の時間帯に買うこと」になります。
　つまり、本来は手段であった買い物が、②では目的になろうとしています。手段はあくまで手段、目的はあくまで目的です。これらの混同があるからこの事例は奇異に思えるのです。
　売り手側は、売り上げが増えればよいのです。顧客が推論の罠に陥ろうと陥るまいと、関係がないのです。なお、顧客側もこの推論の罠を十分に理解して、顧客の可能な範囲で推論の罠を受け入れるのならば、問題はありません。しかし、ポイントのためにたくさん買い込んでしまい、後で後悔した経験のある人は多いのではないでしょうか。手段と目的を混同することで誤解や不利益を生じることはやはり推論の罠の一つです。

【ワーク22】ワーク21の①～③の事例には、手段と目的の混同がみられます。それぞれ本来の手段と目的をあげて、例題9の解答例のような表にしてみてください。

■■解答欄

　さて、手段と目的を混同していることによる誤解や不利益は推論の罠です。この罠に陥らないよう、理解を深めるために次の問題にチャレンジしてみてください。

【ワーク23】あなたの日常の身の周りのことで、手段と目的を混同していると思われる例を、できるだけあげてください。その際には、手段と目的を混同しない場合にはどうなるのかを、分かりやすく書いてください。

Ⅲ　立場を替えて考えよう

■解答欄

　では、手段と目的の混同という推論の罠に陥らないためには、まずどうしたらよいでしょうか？　それは、手段と目的の混同かもしれないと、日頃から常に考えてみればよいのです。手段はHowで、目的はWhatですね。一般に日本語では、手段：〜で＋動詞、目的：〜を＋動詞と、分類できます。つまり、一般に「〜で」となるのが手段であり、「〜を」となるのが目的です。是非、自分で確かめてください。

【ワーク24：活用へのステップ２】
　それでは、手段と目的の混同による推論の罠に陥らないために、あなた自身で「クリティカルシンキングのポイント」に、まとめてください。
　例えば、ある人は「冷静沈着、イソギンチャクに考える」と、言っていました。確かにこれなら一生忘れないでしょう。あなたも、一生忘れないユニークな、あなた自身の「クリティカルシンキングのポイント」を作ってみてください。
■解答欄

☆★★クリティカルシンキングのポイント★★☆
　「んーーっ。チョット、マッタ！」と、立ち止まろう。
　冷静沈着、イソギンチャクに、考えてみよう。
　手段は何？　目的は何？　と、分析してみよう。

　　　はい！　ティータイム：クリティカルシンキングと文法
　クリティカルシンキングは"What"でなく"How"であるといわれます。さらに、クリティカルシンキングは目的でなく、手段であるといわれます。なぜなら、考える術であり、ヒントだからです。
　さて、言語を学ぶとき、文法（ルール）を学んだ方がよいですか？　それとも文法は必要ないでしょうか？　文法（ルール）を学ばなくても、言語は話せます。しかし、学んだ方が便利です。間違えずに的確に相手と意思疎通ができるからです。つまり、効率的にコミュニケーションがとれるのです。
　そうです。言語における文法（ルール）が、思考におけるクリティカルシンキングです。クリティカルシンキングを知っている方が、間違えずに早く的確な答えに行きつくので

す。さらに、クリティカルシンキングを楽しみながらできるようになると、とても素晴らしいですね。

(3)因果関係と第3変数

【例題10】次の例の因果関係はどこかヘンでしょうか？　もしヘンだと思うなら、その理由も考えてください。
① 受験勉強を十分にしたから、試験に合格した。
② 親が「勉強しなさい」と言いすぎると、子どもが勉強しなくなる。
③ タバコを吸うと、肺がんになりやすい。

■解答例：① 受験勉強を十分にしたから、試験に合格した。→時間的順序は妥当であろう。相関の関係もありそうだ。しかし、もともと頭がよく、受験勉強をしなくても合格していたかもしれない。また、合格ラインがとても低かった可能性も考えられる。したがって、受験勉強を十分にしたから試験に合格したというのは、他の原因も考えられるので、ヘンだと感じる。

② 親が「勉強しなさい」と言いすぎると、子どもが勉強しなくなる。→これも、時間的順序は、正しいだろうか？　子どもが勉強しないから親が「勉強しなさい」というのか、あるいは親が「勉強しなさい」と言いすぎたから子どもが勉強しなくなったのか。この点は不明である。したがって「親が『勉強しなさいと』と言いすぎると、子どもが勉強しなくなる」というのは、時間的順序が反対の可能性もあるので、ヘンだと感じる。

③ タバコを吸うと、肺がんになりやすい。→時間的順序は妥当であろう。相関の関係もありそうだ。しかし、ストレスや不摂生、自己管理能力の欠如など、その他の原因がないとはいえないだろう。したがって、「タバコを吸うと、肺がんになりやすい」というのは、データ上は相関がありそうだが、他の原因も考えられるので、ヘンだと感じる。

なお、近年喫煙率は低下傾向にあるにもかかわらず、肺がんは増えている現状を考慮すると、因果を特定することは容易ではないことがうかがえる。

　原因Aと結果Bの関係について考えてみましょう。Aが原因でありBがその結果であるとき、因果関係があるといいます。この因果関係が成立するためには、一般には以下の3点が必要になります。
① 時間的順序：Aが先に起きた事象であり、これを受けてBが後に起きた事象であること。
② 相関関係：一方が変化すると、それにつれてもう一方が変化すること。
③ 他の原因がないこと（第3変数の排除）：A及びBの原因となる第3の事象Cが、存在しないこと。なお、この第3の事象を第3変数（あるいは第3因子）といいます（図Ⅲ-1）。

　なお、第3変数が存在しないと証明するのは、難しいことです。なぜなら、存在を証明するのは例を一つあげればそれで十分ですが、存在しないことを証明するのは、全ての場合において存在しないことを証明をしなければなりません。したがって、極めて困難とな

Ⅲ　立場を替えて考えよう

ります。

　例えば、「白いカラスが存在すること」を証明するには、突然変異でも何でもよいから、とにかく世界中をさがして白いカラスを1羽見つければよいのです。しかし、「白いカラスが存在しないこと」を証明するには、世界中の全てのカラスを確認して、色が白ではないことを証明しなくてはなりません。ないことを証明することは、「悪魔の証明」といわれており、不可能に近いとされています。

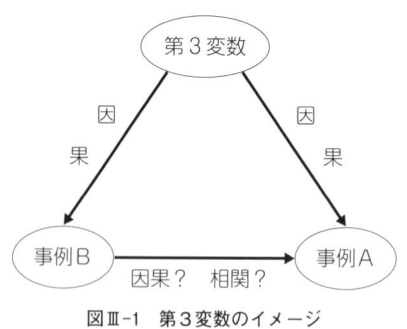

図Ⅲ-1　第3変数のイメージ

　それでは、因果関係を証明するにはどうしたらよいでしょうか？　以下の問題に挑戦してください。

【ワーク25】次の例の因果関係はどこかヘンでしょうか？　もしヘンだと思うなら、その理由も考えてください。

＊数万円以上もする高級化粧クリームを使うと美肌になる。

■■解答欄

【ヒント】

　高級クリームを使っている人の肌は、使っていない人よりも肌が美しいと考えられます。確かに相関関係はあるでしょう。まず高級クリームを使って、その後で肌が美しくなるという順序にも不自然なところはありません。

　しかし、この類のことを述べるには、まずは比較検討することが必要です。つまり、高級クリームを使ったから美肌になるというのならば、高級クリームと一般クリームを比較する必要があります。いわゆる目隠しテストです。しかも、被験者の条件をそろえて継続的にデータをとる必要があります。しかし、そのようなデータはほとんど見かけません。

　しかし、実際に高級クリームを使っていて肌がきれいな人を見ると、この因果関係は成立すると判断してしまいそうです。実際にデパートの化粧品アドバイザーや対面販売員などを見ると、高級クリームの効果を感じることが多いでしょう。実際にサービスを受けてみると、なおさらそう感じます。

　それでは、本当に高級クリームと美肌の因果関係は成立するでしょうか？　他の原因は考えられないでしょうか？　他の原因としては、例えば「普段からの美肌に対する意識が高く、常に美肌を心がけ、努力していること」があげられます。つまり、高級クリームを買うくらいですから、普段からの美肌に対する意識が高く、食事、睡眠、運動、直射日光

などに気をつけるなど、常にさまざまな努力をしているはずです。普段から時間、お金、労力をかけて、日常的に肌のお手入れに余念がないのです。

　たとえ高級クリームを使っても、健康管理を十分に行わなければ美肌にはなりません。つまり、美肌である原因が高級クリーム以外の要因ではないことが証明できない限り、「この高級クリームを使うと美肌になる」というのは、正しいとはいいきれないのです。

【例題11】それでは、どちらがより説得力がありますか？
① この高級クリームを使うと美肌になる。
② 普段からの美肌に対する意識が高く、常に美肌を心がけ、努力していることで、美肌になる。

　　■■解答例：多分一般的には②の方が、説得力があるだろう。

　このように見かけの因果関係でなく、真の因果関係を別の変数で説明する場合、この変数を第3変数といいます（図Ⅲ-2）。

　次は、実際にどのように使われているかを考えるチャレンジ課題です。今回はよく間違えたり、誤解されている現実の問題です。これまでの問題よりレベルが高くなりますが、可能ならチャレンジしてみましょう。

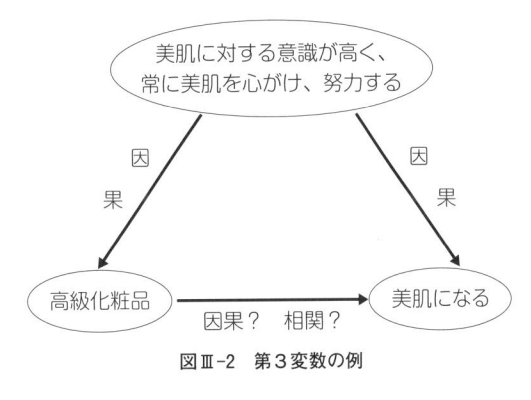

図Ⅲ-2　第3変数の例

【ワーク26】次の例の因果関係はどこかヘンでしょうか？　もしヘンだと思うなら、その理由も考えてください。因果関係の成立条件から考えてみましょう。
＊会社の格付けが下がったから、その会社のリスクが高くなる（あるいは、信用不安になる）。

　　■■解答欄

【ヒント】格付けとは、その会社の債務の返済能力に対するコメントです。簡単にいえば、今後どれだけ財務の状況が健全でいられるか、ということです。ですから、財務体質が強く（＝リスクが減少）なると格付けは上がり、その反対に財務体質が弱く（＝リスクが増加）なると格付けは下がります。

　それでは、① 会社の格付けが下がったから、その会社のリスクが高くなる。② 会社のリスクが高くなったから、会社の格付けが下がる。①と② のどちらの方が、より説得力がありますか？

　確かに格付けが下がると不安になり、不安が不安を呼べば、リスクが高くなります。し

Ⅲ　立場を替えて考えよう

たがって、この例のような論調は、間違いとはいいきれないかもしれません。しかし、そもそも格付けはなぜ下がったのでしょうか？ リスクを高めるために格付け会社が、あえて格付けを下げたのでしょうか？ これはありえない話です。なぜなら、格付け会社は「より正しい格付け」を付与する競争にさらされています。格付けの定義から考えると②の方がより正しいことになります。

なお、因果関係を見極めるには、まず順序が時系列になっているかの確認が必要です。この場合は、格付けの定義からすれば①より②の方が時系列的に先に起きています（図Ⅲ-3）。

図Ⅲ-3　原因と結果

【ワーク27】それでは「会社のリスクが高くなったから、格付けが下がった」の場合、他の原因、第3変数は考えられないでしょうか？ 考えられる第3変数をあげてみてください。その際は右の図Ⅲ-4を参考にしてください。

■■解答欄

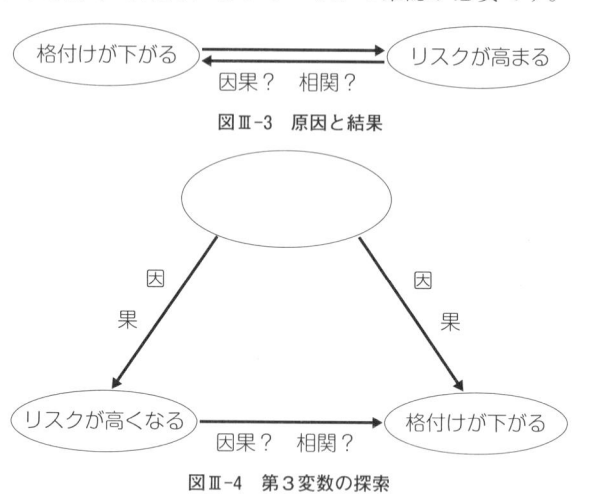

図Ⅲ-4　第3変数の探索

第3変数の見落としは推論の罠です。この罠に陥らないようにするためには、これについて理解を深める必要があります。理解を深めるために次の問題にチャレンジしてみてください。

【ワーク28】それでは、なぜマスコミの論調は、「会社の格付けが下がったから、その会社のリスクが高くなる」ということになるのでしょうか？ 正解は一つとは限りません。

■■解答欄

【ワーク29】あなたの日常の身の周りのことで、この第3変数の見落としの可能性が考えられる推論の罠の例を、できるだけあげてください。その際には、見かけ上の原因Aと結果B、さらに真の原因Cを分かりやすく箇条書きにしてください。その際は上の図Ⅲ-5を参考にしてください。

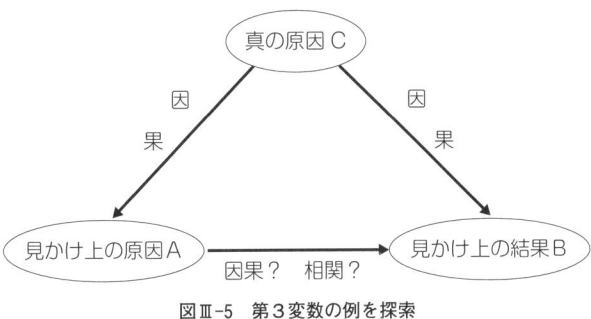

図Ⅲ-5　第3変数の例を探索

■■解答欄

では、第3変数の見落としによる推論の罠に陥らないようにするには、まずどうすればよいでしょうか？　それは、第3変数の見落としかもしれないと、日頃から常に考えてみればよいのです。ではこれまでと同様に「クリティカルシンキングのポイント」にまとめましょう。

【ワーク30：活用へのステップ】それでは、第3変数の見落としによる推論の罠に陥らないために、一生忘れないユニークな、あなた自身の「クリティカルシンキングのポイント」を作ってください。

■■解答欄

☆★★クリティカルシンキングのポイント★★☆

「んーーっ。チョット、マッタ！」と立ち止まろう。
「それってホント？　なぜ本当？」と問い続けよう。
順序？　相関？　第3変数？　をチェックしよう。
完璧に、ないとは言えぬ、第3変数
悪魔の証明、第3変数

Ⅲ　立場を替えて考えよう

> **はい！　ティータイム：なぜ、「推論の罠」を学ぶのでしょうか？**
>
> 　クリティカルシンキングには、多くの「推論の罠」があります。学生の中には、「推論の罠を学ぶと、人を簡単に騙せるようになりますよね」という不届きな学生もいます。困ったものです。クリティカルシンキングで推論の罠を学ぶ理由は、主に二つあります。
> 　① 自分が罠に陥らないためです。つまり、論理展開を正確に見抜けることにより、相手に騙されないようになりますし、自分自身が罠に陥らないようになります。
> 　② 相手を罠に落とさないためです。つまり、論理構成力を身につけることで、誤って罠を作ってしまうことを避けるためです。誤って相手を騙してしまわないためです。
> 　さて、①と②のどちらがより大切でしょうか？　①の罠に嵌ったときは、自分のミスであり、罠に陥ったことに気がつけば、その後でも自分で取り返し可能です。しかし、②の場合は、そうはいきません。したがって、②の相手を罠に落とさないことの方が、ずっと大切です。なぜなら、万一、意図せずに罠を作ってしまったとき、そのことが事後に分かった場合、取り返しのつかないことになるからです。経済界でも、行政・司法の世界でも、通商・外交においても特にプロの世界では、「そんなつもりではなかった」という抗弁は、通用しないのです。「私を騙すつもりだったのか？」「意図して私を陥れようとしたのではないか？」という、相手側の疑念を払拭することは極めて困難になります。「あなたは、極めて性悪だ」ということになってしまう可能性があります。その場合には、取り返しがつきません。なぜなら「あなたは性悪ではない」というないことの証明は、悪魔の証明といわれ限りなく不可能だからです。
> 　学びのポイント：「落ちないよりも、落とさない」
> これは、筆者が自分の学びのポイントとしていることです。是非、気をつけたいものです。

(4) 鵜呑みの危険性

【例題12】次の事例はあるテレビ番組での一コマです。

　深刻な夫婦問題を抱えた女性から、人生相談がありました。それに対する占い師の回答。「奥様、ご自宅の玄関は、北側ではありませんか？　離婚夫婦の7割は、玄関が北にあります。ですから、玄関の場所を変えなさい。」

　あなたが相談者ならどうしますか？　次に記す①でしょうか、②でしょうか、あるいは別の方法でしょうか？

① 確かに北側が入り口だと、冷たい風も入りやすいし、縁起もよくないだろう。占い師の先生の言うとおり、玄関の向きを変えよう。変えられないなら引越しをしよう。

②「えっ？　ちょっと待った。それってホント？　なぜ本当？」と考えてみる。行動は、それからでも遅くはないだろう。

　　　■解答例：②にする。なぜなら、急ぐ理由がないから、ちょっと待ってゆっくり考えてみる。

　情報を鵜呑みにしてしまうと、ついつい間違った判断をしやすくなります。直感による判断をするときには、その直感は正しいのか、どのようなデータに基づいているのか、どのような仮定に基づいているのか、を考える必要があります。

情報を得ることは簡単であっても、そのまま受け入れるかどうかは別の問題です。しかし、直感的に違和感のないものは容易に受け入れられてしまいます。ここでは難しい理論は省きますが、情報を受け入れて判断する際にはさまざまな先入観や認知的なバイアスがかかってきます。ですから、情報を判断するときはその先入観やバイアスが存在することを忘れてはいけません。人の認知にはいろいろな習性があるのですから。

【検討してみよう】

クリ雄「なぜ、北側が原因なのだろうか？」

真子「残りの3割はどうなのかしら？　離婚する率は7割ぐらいなの？　もっと低いの？」

クリ雄「離婚者のうち7割の人たちの家の玄関が北側なのであって、玄関が北側の7割が離婚しているわけではない。だから……」

真子「比べるべきものは、離婚者における玄関の方角比率ではないでしょうね。玄関の方角比率別の離婚率じゃないかしら。」

クリ雄「というと？」

真子「つまり、北側玄関の離婚率と、北側以外の玄関の離婚率を比べないと、意味がないわ。」

クリ雄「そうだな。チョット待てよ。そもそも玄関はどっち向きが多いんだ？」

真子「私のうちは北側。」

クリ雄「俺のうちも。マンションだから。」

真子「そうか、分かった。」

クリ雄「なにが分かったの？」

真子「できるだけ日光を採り入れようとするから、窓は一般的に南側が多い。そのため玄関は北側になりやすい。アパートやマンションの場合はほとんどが玄関は北側だわ。」

クリ雄「持ち家比率はどれくらいかな？」

真子「それは、よく分からないけど。離婚する夫婦は、老夫婦よりも、子育て中や若い夫婦が多いらしい。子育て中や若い夫婦ならアパートやマンションが多いかもしれない。」

クリ雄「仮に持家を50%、マンションが50%としてみよう。アパートやマンションは北側がほとんどだろう。持家の場合なら東西南北だから25%が北側とする計算すると、50×90%＋50×25%。だから概ね6割くらいが玄関は北側だ。」

真子「そうね。持家でも、北側玄関はもっと多いわ。半分くらいは北側かしら。」

クリ雄「それなら、この計算だと北側玄関の割合は、7割にはなるだろうね。そもそも、玄関が北側である比率は、7割くらいなのかもしれない。それなら、○○の夫婦、7割が北側玄関。これの○○には何が入ってもいいことになるね。」

真子「昨年自動車を買った人の7割、昨年高額宝くじに当たった人の7割、昨年病気をしなかった人の7割、つまり何でもいいのね。ということはそれなら、昨年に結婚した7割、昨年に離婚していないカップルの7割が、北側玄関ということになるわね。」

【ヒント】会話の内容を可視化してみよう。そのためには、会話から重要な要素を抜き出してみよう。縦軸と横軸を決めて、表を作ってみよう。問題点が見えてきます。

Ⅲ　立場を替えて考えよう

【ワーク31】 以下の事柄は、直感的には正しいかもしれません。しかし、どこかヘンではありませんか？ ヘンであれば、その理由を述べなさい。
① 「交通事故を起こした3人に1人が厄年。」
② 「浪人するといい大学に入れる。」

■解答欄

【ワーク32】 以下の事柄は、直感的には正しいかもしれません。しかし、どこかヘンではありませんか？ ヘンであれば、その理由を述べなさい。
① 「一発ネタの芸人は短命である。」
② 「立派な実印*がないと出世しない。」

*実印とは、役所に登録した正式な印鑑であり、不動産や自動車等の取引に必要になります。また、いわゆる三文判（認印）とは、役所に登録をしていない印鑑であり、一般的に値段が安いものです。

■解答欄

さて、これは鵜呑みの危険性という推論の罠です。理解を深めるために次の問題にチャレンジしてみてください。

【ワーク33】 あなたの日常の身の周りのことで、鵜呑みの危険性という推論の罠の例を、できるだけあげてください。その際には、鵜呑みにした場合と、鵜呑みにしなかった場合を、分かりやすく書いてください。

■解答欄

この鵜呑みの危険性という推論の罠に陥らないためには、具体的に何をすればよいのでしょうか？　例えば、少しでも「ヘンかな？」と思ったら、まず、立ち止まって再考してみるとよいでしょう。さらに、「クリティカルシンキングのポイント」を作って、普段から思い出して実行すれば、推論の罠に陥らないですみます。

【ワーク34：活用へのステップ】それでは、鵜呑みの危険性という推論の罠に陥らないために、一生忘れないユニークな、あなた自身の「クリティカルシンキングのポイント」を作ってください。

■■解答欄

☆★★ クリティカルシンキングのポイント ★★☆
「んーーっ。チョット、マッタ！」と立ち止まろう。
「それってホント？　なぜ本当？」と問い続けよう。
「直感に頼りすぎていないか？」と反省しよう。

(5) 論理展開の省略

【例題13】次の文章には、どこかヘンなところがあるでしょうか？「それって本当？」と、考えてください。

「ツバメが低く飛んでいると、雨が降る。」

この命題は本当であろうか？　また、その理由を考えてみよう（なお、命題とは「○○は○○である」というように判断を示した文章のこと）。

まずは、この命題の真偽を考えてみましょう。この答えは、嘘でも本当でも、どちらの主張でも答えとして成立する可能性があります。しかし、そもそも一つの問題に答えがいくつもあるというのは、おかしいと思われるかもしれません。

ですが、いわゆる試験問題ではないので、解答は一つではありません。重要なことはその答えの理由を十分論理的に説明できるかどうかなのです。それでは解答は二通りとしましょう。どちらを主張しても OK です。

■■解答例 ①：嘘である。

では、なぜ嘘といえるのでしょうか？

「嘘」と主張する場合、論理的には反例を出せばよいのだから、嘘であることを証明するのは難しくはありません。なぜなら「先日ツバメが低く飛んだが、雨が降らなかった」という事例を、一つ提示すればよいからです。もし、そういう事例が一つでも見つかれば、

Ⅲ　立場を替えて考えよう

この命題は嘘。つまり「偽である」ことになります。そこでは大きな議論にならないでしょう。

■**解答例 ②：本当である。**

　それなら、なぜ本当だといえるのでしょうか？　「本当だ」と主張する場合、議論になりそうです。例えば「先日ツバメが低く飛んで、雨が降った」という事例があったとしましょう。それでも、それはたまたまかもしれません。それならば「ツバメが低く飛んで、雨が降った」という世の中の全ての事例を出して説明すれば、論理的です。しかし、それは実際にはできません。つまり、全ての場合を説明するのは不可能なのです。

　ではなぜこの事例は、本当らしく聞こえるのでしょうか？　その理由とは何でしょうか？「ツバメが低く飛んで、雨が降った」事例が多いからでしょうか？　確かに、ツバメが低く飛ぶと、雨の降る確率が高いようです。しかし、たとえ合理的な理由があったとしても、それが相手に明確に伝わらなければ相手は「この命題が正しい、真である」とは考えないでしょう。

　この命題の合理的な理由は次のように考えられます。

　　Q：なぜ、ツバメが低く飛ぶのか？
　　A：なぜなら、ツバメが低く飛ぶのは、エサである小さな虫を取るため。
　　⇩
　　Q：なぜ、エサである小さな虫を取るため、ツバメが低く飛ぶのか？
　　A：なぜなら、ツバメのエサになる小さな虫が、低く飛んでいるから。
　　⇩
　　Q：なぜ、ツバメのエサになる小さな虫が、低く飛んでいるのか？
　　A：なぜなら、小さな虫が低く飛ぶのは、体や羽が重くなるから。
　　⇩
　　Q：なぜ、小さな虫の体や羽が重くなるのか？
　　A：なぜなら、小さな虫の体や羽が重くなるのは、湿気があるから。
　　⇩
　　Q：なぜ、湿気があるのか？
　　A：なぜなら、湿気があるのは、空気中の水蒸気が増えたから。
　　⇩
　　Q：なぜ、空気中の水蒸気が増えたのか？
　　A：なぜなら、空気中の水蒸気が増えたのは、雨の降る前兆だから。
　　⇩
　　Q：なぜ、雨の降る前兆があったのか？
　　A：なぜなら、もうすぐ雨が降るから。
　　⇩
　　したがって、「ツバメが低く飛んでいると、雨が降る」

このように説明すれば、納得する人も多いでしょう。もちろん、より正確にいえば「ツバメが低く飛んでいると、雨が降る可能性が高くなる」ということです。

では、なぜ途中を正確に伝えないと相手は納得しないのでしょうか？　それは論理展開が省略されているからです。さらに、その前提が相手に伝わらなければ「論理が飛躍している」と相手が考えるからです。たとえあなたが正しいことをいっても、聞き手は聞き手自身の理論・知識・経験でものを判断するのです。

　聞き手が「論理が飛躍している」と判断すれば、あなたのいいたいことは相手に伝わりません。相手に何かを伝えるとき、相手が理解しなければ、その責任は基本的には話し手側にあります。なぜなら、話を伝えたいのは話し手だからです。さらに、理解するか理解しないかの主体は、聞き手です。したがって、話し手は、聞き手が十分に納得するだけの説明をする必要があるのです。

【例題14】次の例には、どこかおかしなところがないでしょうか？　「それって本当？」と、考えてください。もしヘンだと思うなら、その理由も考えてください。

　バナナの関税が廃止されると、国内のリンゴ農家が破綻する。

　■■**解答例**：論理の展開が省略されているところがヘンであると考えられる。論理展開の内容に関する情報もヒントも、全くないところである。

　バナナの関税が廃止される。
　⇩
　輸入バナナが安くなる。
　⇩
　国民がみな、安くなった輸入バナナを買う。
　⇩
　国民がみな、その安くなった輸入バナナを食べる。
　⇩
　国民のくだもの摂取量は限られているので、輸入バナナの消費量が増えると、国内産のくだもの消費量が減る。
　⇩
　国内産のくだもの消費量が減ると、国内産のくだものが売れなくなる。
　⇩
　国内産のくだものが売れなくなると、国内産のリンゴが売れなくなる。
　⇩
　国内産のリンゴが売れなくなると、国内のリンゴ農家が経営困難になる。
　⇩
　国内のリンゴ農家が経営困難になると、国内のリンゴ農家が破綻する。

　バナナがリンゴの代替品であるかどうかの議論は必要でしょう。しかし、この論理展開の是非はさておき、どんな前提であっても最後まで論理を省略せずに伝えなければ、自分の伝えたいことが相手に伝わりません。途中を省略することによって自分の伝えたいことが相手に伝わらないのです。それは、論理展開が飛んでいるから（論理展開の説明不足、論理

Ⅲ　立場を替えて考えよう

展開の省略）です。相手が自分と同じ論理展開をするかどうかは、分かりません。ですから、話し手が論理の展開を省略せず、丁寧に説明する必要があります（なお、輸入農産物を代表して「バナナ」が、国内農産物を代表して「リンゴ」という言葉が使われているとも、いわれています）。

【ワーク35】次の例の論理の展開は、どこかヘンでしょうか？「それって本当？」と、考えてください。もしヘンだと思うなら、その理由も考えてください。
＊化粧品業界が地球にやさしい会社を目指すと、お菓子の価格が上昇する。
　　■■解答欄

【ワーク36】以下の事柄には、論理展開の省略があります。どこがどう飛躍しているのかを指摘してください。
＊イチゴは暖かい時期の果物である。原油が値上がりしたので、クリスマスケーキが値上がりする。
＊地球温暖化が進むと、デンマーク王国のGDPが増加する。
　　■■解答欄

一度、論理展開が省略されると、そこを埋めるのは容易ではありません。したがって、この問題は難しいかもしれません。ゆっくり考えて、是非自分で解答してみましょう。

推論の罠である論理展開の省略に陥らないためには、話し手や聞き手はどうすればよいでしょうか？

話し手が改善していくことは、なかなか難しいと思われます。なぜなら、これくらい省略しても相手に伝わるだろうと、独りよがりに考えてしまうことが多いからです。意識してできるだけ丁寧に持論の論理展開を説明することを心がける必要があります。相手がどの程度の知識やバックグラウンドをもっているかを知っている方が、この論理展開の省略に陥りにくくなります。

一方、聞き手の場合は、論理展開の省略を見つけることはそれほど難しくありません。なぜなら①相手の意向が自分に伝わらないから「んーーっ。チョット、マッタ！」と、再考する機会を得ることができるからです。さらに②理解できなければ相手に「分かりません」と、伝えることができるからです。

論理展開の省略により、相手に正確に意向が伝わらないことは推論の罠です。この罠に陥らないようにするためには、これについて理解を深める必要があります。理解を深める

ために次の問題にチャレンジしてみてください。

【ワーク37】あなたの日常の身の周りのことで、論理展開の省略により相手に正確に意向が伝わらないことによる推論の罠の例を、できるだけあげてください。その際には、論理展開の省略により誤解された内容と、論理展開の省略がない場合に伝えられた内容を分かりやすく書いてください。

■■解答欄

では、話し手がこの論理の省略による推論の罠に陥らないようにするには、まずどうすればよいでしょうか？ また、聞き手がこの推論の罠に陥らないためにはどうすればよいでしょうか？

話し手の立場でも聞き手の立場でも、答えは同じです。それは、日頃から常に論理の省略かもしれないと考え、前提が隠れていないか、論理展開が飛んでいないかと考えを進めてみましょう。日頃から常に論理の省略という推論の罠に注意すればよいのです。

では、論理展開の省略という推論の罠に陥らないために、これまでと同様に「クリティカルシンキングのポイント」にまとめましょう。

【ワーク38：活用へのステップ】それでは、論理展開の省略という推論の罠に陥らないために一生忘れないユニークな、あなた自身の「クリティカルシンキングのポイント」を作ってみましょう。

■■解答欄

> ☆★★クリティカルシンキングのポイント★★☆
> 「それは、論理の省略かもしれない」
> 「論理が飛んでないか」
> 「んーーっ。チョット、マッタ！」と、立ち止まろう。

次は、実際に世の中ではどのように使われているかを考えるチャレンジ課題です。是非やってみてください。

【ワーク39】論理展開の省略を行っても問題ない場合とは、どのような場合がありますか？ 考えられる日常的な例をあげなさい。その例は、なぜ論理展開の省略の問題が生じない

のかを考えなさい。

■解答欄

---

(6)可能性が極めて低い

【例題15】よく知られている「風が吹けば桶屋が儲かる」は、どこがおかしいのでしょうか？「この命題は……ので、間違えた結論になった。」と、解答できればよいでしょう。

■解答例：この命題には、蓋然性（可能性・確率）が低いものが含まれているので、間違った結論になった。

結論は、「風が吹く」ならば「桶屋が儲かる」です。その論理展開は、次のとおりです。なぜおかしいのでしょうか？

つまり、
①風で土ぼこりが立つ ⇨ ②土ぼこりが目に入って、目を傷める ⇨ ③盲人が増える ⇨ ④盲人は三味線が必要になる（三味線を弾く仕事につくことが多い）⇨ ⑤三味線には猫皮が必要である ⇨ ⑥ネコが殺される ⇨ ⑦ネコが減る ⇨ ⑧ネズミが増える ⇨ ⑨ネズミは桶をかじる ⇨ ⑩桶を、桶屋に注文する ⇨ ⑪桶屋が儲かる。
という論理展開です（時田 2009）。

この論理展開は A ならば B（A⇨B）という命題の積み重ねです。この各々の A⇨B が100％正しければ、全体の論理展開に問題はなく結論は正しくなります。しかし、蓋然性（可能性・確率）が低い命題が一つでもあると、正しい結論にはたどり着けません。「風が吹けば桶屋が儲かる」の問題は、その構成に蓋然性が低い命題が含まれていることによって、間違った結論に至る典型的な例です。したがって、これは可能性が極て低いことによる推論の罠となります。

【ワーク40】「風が吹けば桶屋が儲かる」は浮世草子の話なので、笑っていればよいのですが、これほどまで飛躍的なことではなくても、日常で似たようなことはありませんか？
つまり、実現可能性がとても低い条件が入っているために、結論を間違えてしまうということです。日常生活の中で、どんな些細な例でもよいのでその例を探してみてください。

■解答欄

この推論の罠に陥らないようにするためには、まずどうすればよいでしょうか？

少しでも「ヘンかな？」と思ったら、再考してみることが大切です。そして「クリティカルシンキングのポイント」を作って、普段から思い出して実行すれば、推論の罠に陥りにくくなります。

【ワーク41：活用へのステップ】 それでは、この推論の罠に陥らないために、一生忘れないユニークな、あなた自身の「クリティカルシンキングのポイント」を作ってください。

■■解答欄

> ☆★★ クリティカルシンキングのポイント ★★★☆
> 「んーーっ。チョット、マッタ！」と、立ち止まろう。
> 「ホントにあるのか、可能性」

(7)焦らない、慌てない、諦めない

クリティカルシンキングの効用として真実を追求できる、問題発見・解決ができる、正しい方法で効率的に考えることができるなど、問題解決の時間を短縮できるメリットがあげられます。特にビジネスにおいては限られた時間に意思決定をすることが求められます。しかし、考えるのにかなり時間が必要な場合もあります。次の問題をやってみてください。

【ワーク42】 四文字の言葉が、ばらばらになっています。数字が入った元の言葉は、何でしょうか？

【ワーク43】 同じ大きさの輪5個でできたチェーン（A～F）が図Ⅲ-6の左の図のように6つあります。小さな一つの輪を開くには200円、閉じるには300円かかります。予算2500円以内で右の完成図のように一つのブレスレットにしてください。なお、店は一店のみであり、割引きも予算の増額もありません。[8]

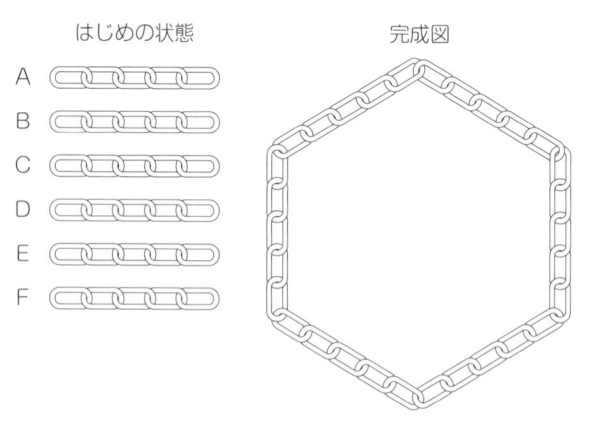

図Ⅲ-6　高価なブレスレット

　もし、今すぐに答えが分からなかったら、後ほど考えてください。焦ってやると解けないことが多いですので、じっくり考えましょう。

　さて、さまざまな問題は、大きく2種類に分けられます。解答時間が短いものと長いものです。ビジネスや会議、議論などではすぐに考え意見を出し、意思決定をしなくてはならないことがとても多いものです。現代はスピードと効率が重視されることが多いのです。そのような場合は、クリティカルシンキングを使うと間違いにくく、かつ早く結論が得られます。

　しかし、会社の将来像、来年の目標、今後の営業戦略など比較的時間をかけて十分に考えることができる課題・問題もあります。時間をかけてじっくり考えて、意思決定や結論を出す。その際のポイントは何でしょうか？　この場合もクリティカルシンキングを行いますが焦ったり慌てたりすると、このような比較的単純な問題でも解答に行きつかないのです。時間の許す限り諦めないことが重要でしょう。答えがわからなければ、問題から一度離れてみてください。しかし、頭の隅に置いておいてじっくりと問題を温めてください。きっと解けます。これを Incubation effect（孵卵効果、孵化効果）といいます。

【ワーク44】これらの高価なブレスレット問題、漢字問題から、あなたが学んだことは何でしょうか？　正解はありません。あなたの考えを、まずは書いてみましょう。

■解答欄

　これらの問題で分かるように焦る・慌てる・諦めることによって不利益や誤った結論を導くことは推論の罠です。

第1部　基礎編

はい！ ティータイム

　Incubation による効果の出現は、それまでにその人に蓄積された知識や経験に関係があるでしょう。したがって知識や経験の少ない子どもの場合、その効果は限定的であると考えられます。

　しかし、考えることにおいては、知識量・経験量のみならず、いかに柔軟に考えられるかも、大切な要素でしょう。例えば、このブレスレットの問題や漢字の問題においては、いかに先入観に囚われず、柔軟にさまざまな切り口から考えるかが、要求されます。その場合、年齢が低い子どもの方がこれらの能力があるとも、考えられます。

　実際に、同僚の大学教員よりも授業を受けている学生の方が、早く正解にたどり着くことも多いのです。Incubation 自体がいわゆる効率性を求めるのでなく、問題をじっくりと温めるものですから、そもそも速さを気にする必要性はあまりありません。この能力には学習や経験だけでなくさまざまな要素が関係しているようです。

☆☆☆「ブレスレット、漢字問題の解答」を募集☆☆☆
　今回の問題の解答を、誌上募集いたします。是非、応募してください。
　以下の問にお答えください。
問1．どの問題か？　その答え。
（例：漢字問題　　答え「漢」）
問2．問題を読んだ時間
（例：2013.04.02　午後11：00）
問3．問題が解けた時間
（例：2013.04.15　午後10：00）
問4．あなたがどのような状態のときに、解けましたか？　よろしければ、是非、お教えください。
（例：夕食後、ゆっくり入浴していた時）

☆☆☆作問コンクール「温めると解ける問題」を募集☆☆☆
　ここで、紹介したような「温めると解ける問題」を、誌上募集いたします。是非、応募してください。
　読者のあなたが、「温めると解ける問題」を探してみましょう。つまり、すぐにはなかなか解けないが、頭の隅において温めておくと、ふとした瞬間に答えが見つかる問題です。是非、チャレンジしてみてください。なお、見つけた場合は必ずその出所を明らかにしてください。

　上記二点、お送りいただいた内容は、今後の教育・研究の参考資料にさせていただきます。さらに優秀な作品は、ご本人の了解をいただければ、氏名とともに当書籍の次回改訂時に掲載いたしたいと存じます。
　また、本書に対するみなさまご意見・ご感想を併せてご記入いただければ幸いです。下のメールアドレス（QRコード利用可）にお送りください。よろしくお願いいたします。

作品の送付先　Wakayama.class@pobox.com

【ワーク45：活用へのステップ】日頃から、時間が許す限り、可能な限り、じっくりゆっくり考えることは極めて重要です。しかし、この現代のスピード社会では、分かっていてもなかなか実行できません。このことを身につけるために、一生忘れない、ユニークな、あなた自身の「クリティカルシンキングのポイント」を作ってください。

■■解答欄

　この温める思考法を身につけるために「クリティカルシンキングのポイント」にしてみました。あなたが作った作品、覚えておくべき作品があれば、あなた自身で書き加えてください。

　この項のタイトルである、焦らない、慌てない、諦めないことは、時間がかかる課題・問題に対処するには必要なことです。これを覚えやすいように、キーワードの頭文字をとって「問題を温めるためのトリプルA」と名づけます。是非、これを忘れず実行してみましょう。

☆★★ クリティカルシンキングのポイント ★★☆
* じっくり、時間の許す限り、じっくり考える。
* 分からなければ、少しおいて後でやってみる。
* 答えが出なければ、温めてみる。
* 焦らない、慌てない、諦めない（トリプルA）。

はい！　ティータイム

　「時は金なり」「早起きは三文の徳」など、時間を無駄にしない教えは、世の中に多いです。ビジネスでは時間は重要な経営資源ですから、スピードや効率性を求められます。クリティカルシンキングはそれに大変役立ちます。では、スピードや効率性を得るために、クリティカルシンキングを習得するのでしょうか？

　このことをクリティカルシンキングしてみましょう。クリティカルシンキングではまず先入観に囚われない（*注1）ことが大切です。ですから、何も考えずにスピードや効率性を

求めることは、先入観に囚われていることになります。実は、どのような問題でも与えられた時間内に解決すればよいはずです。私自身はスピードや効率性ばかりを追求してよいのだろうか、と時折考えています。一見無駄に思うかもしれませんが、ゆっくりじっくりと思考にふけることも、大切な思考法です。それこそ、人間らしい思考法でしょう。

さて、スペイン語には面白い諺があります。No por mucho madrugar, amanece más temprano.「どんなに早く起きても、時は早まらない。」ということです。日本の諺風にするなら、さしずめ「早起きは三文の徳には、ならない」となるでしょう。実は、このIncubation（孵卵・孵化）、温めないと解けない問題を見るたびに、この諺を思い出します。どんなに早起きをしても、日の出は変わらないのです。つまり、地面が温まるのも、気温が上がるのも、そして世の中が動き出すのも、森羅万象いつもと全く変わらないのです。したがって、人がどんなに早く行動しても、雛の誕生はもちろんのこと、何かをいつもより早く得られることはないのです。雛の誕生、温めないと解けない問題、あるいは人生における重要な問題は、ことさらに急ぐ必要はないのです。得たいものを得るには焦ってみても何も始まりません。時の流れが常に一定であるように、何があっても何も早まらず、何も変わらないのです。

ところで、なぜクリティカルシンキングを学ぶのでしょうか？ 真実が発見できる、的確に理解できる、迅速な問題発見・解決や意思決定ができる、新たな発想が生まれる、交渉力やリーダーシップが身につく、推論や分析する力がつく、情報伝達・コミュニケーションが効率よくできるなど、さまざまな効果があります。確かに時間の節約になり、効率が上がる効果は見逃せません。

しかし、クリティカルシンキングを行う際には必ずしも無理に急ぐ必要はありません。クリティカルシンキングはスピードや効率性を求めるだけの手段ではないのです。なぜなら、クリティカルシンキングでは、短くても長くても与えられた時間内で考えることができれば十分だからです。ですから、与えられた時間を十分に有効に活用することがとても重要になります。与えられた時間を十分に有効に活用することは、温めないと解けないようなこの類の問題解決のみならず、人生そのものにも当てはまりませんか？ 人生には約80年間もの時間が与えられているのです。だからこそ、クリティカルシンキングは人生を豊かにするのです。

注1：クリティカルシンキングとは、先入観に囚われず、論理的に考え、合理的な決定を導き出す能力と意思（若山 2009b）。
(参考：http://erasmusv.wordpress.com/2007/01/24/no-por-mucho-madrugar-amanece-mas-temprano/ （参照日2012.10.18））

3．推論の罠　応用問題

次は推論の罠の応用です。ここまでに「①分かった」ものを「②解けた」、「③使えた」とステップアップしてみましょう。

【ワーク46】

以下の設問を公開問題にします。是非、解答をメールで拙著の作者までお送りください（送付先：Wakayama.class@pobox.com）。

「カルーア・ミルクを飲むと、酔っ払う。」

「カシス・ミルクを飲むと、酔っ払う。」

「ウイスキー・ミルク・パンチを飲むと、酔っ払う。」

「コパ・ミルクを飲むと、酔っ払う。」

　以上の観察事項から帰納的な結論は、「ミルクを飲むと酔っ払う」（仮説①）となります[9]。

(1)この仮説①に至る際の、帰納法に対する理解は、正しいでしょうか、誤っているでしょうか？　さらに、その理由を書いてください。

(2)なぜ、間違った仮説①に至ったのでしょうか？　その理由をこれまで学んだ「推論の罠」を使って説明してください。

(3)仮説①が誤りであることを示すための、検証方法を書いてください。

☆☆☆「推論の罠　応用問題」を募集☆☆☆

　これまでに、紹介したような「推論の罠の応用問題」を、誌上募集いたします。是非、応募してください。

　読者のあなたが、推論の罠の応用問題を作成してください。上の例題のようにあなた自身が作成した推論の罠の例の設問を、解答者が読んで、その例がどの推論の罠に陥っているかなどを、考える設問です。是非、チャレンジしてみてください。

　（優秀な作品は、ご本人の了解のもと出典を明記の上、当書籍の次回改訂時に掲載いたしたいと存じます。

　また、本書に対するみなさまご意見・ご感想を、併せてご記入いただければ幸いです。このメールアドレス（QRコード利用可）にお送りください。よろしくお願いいたします。）

　送付先　Wakayama.class@pobox.com

■ 解　答　例 ■

1．正しいとは言いきれない。なぜなら、日本人だからという理由だけで、田中さんが英語が苦手とはいえないから。

2．なぜなら、暗黙の前提（大前提）が存在し、その暗黙の前提（大前提）が正しいとはいいきれないため、結論が正しいとはいいきれなくなっているから。

3．「A君は理系だ。したがって、A君は数学ができる。」

①　暗黙の前提（大前提）：理系の人は数学ができる。

②　暗黙の前提（大前提）を修正した場合：

　　前提：理系の人は数学ができる人が多い、となる。

　　結論：A君は数学ができる可能性もあるが、そうでない可能性もある。

　　なお、理系でも生物専攻や受験で数学をとらなかった人もいる。

「B君は徳島の人だ。したがってB君は阿波踊りが上手い。」

①　暗黙の前提（大前提）：徳島の人は阿波踊りが上手い。

②　暗黙の前提（大前提）を修正した場合：

　　前提：徳島の人は阿波踊りが上手い人が多い、となる。

結論：B君は阿波踊りが上手い可能性が高いが、そうでない可能性もある。なお、例えば先月に徳島に引っ越した人は、必ずしも上手くないだろう。
4．すぐ後のクリティカルシンキングのポイントを参照。
5．この論理展開には暗黙の前提（条件）が隠されているからヘンです。暗黙の前提（条件）は「いつも～」と「○○すぎる」ということになります。したがって、現在の前提「カロリーが高いものを食べると」を暗黙の前提（条件）を明記した前提にすると、「カロリーが高いものばかりをいつもたくさん食べると」となります。
6．共通していえることは、前提が正しいとはいいきれないことです。暗黙の前提を明示していなかったり、そもそも前提が正しくないのでは、正しい結論にたどり着きません。
7．「日本人は武道ができる。A君は日本人だ。したがって、A君は武道ができる。」ここでは「日本人は、武道ができる」という前提が正しくない。たとえ現在は中学校体育の必修科目であっても（必修化は平成24年度から）以前は必修でなく、日本人で武道ができない人も多い。
　「B君は飛行機に乗った。電車で行くより、飛行機の方が早く着く。したがって、B君は電車で行くより早く着く。」ここでは「電車で行くより、飛行機の方が早く着く」という前提が正しくない。行く場所、距離、時間帯などによっては、新幹線等の電車の方が早く着くことがある。
8．すぐ後のクリティカルシンキングのポイントを参照。
9．はい、ヘンです。有名国立大学卒の人でも仕事が遅い人や仕事が雑な人がいる、と考えられるからです。
10．-(1)なぜなら、これらの問題ではサンプルが適切でないという問題があるにもかかわらず、一般化して結論を導いたから。
10．-(2)それは、前提を考えるときに、少ないサンプリングで適切でない一般化をしたこと。
11．＊A君は100kgもあるが、力持ちで友達をすぐに助けてくれる。B君は相撲部で、親身に悩みの相談に乗ってくれる。小学校からクラスで最も体重が重いC君はみんなの面倒をよくみてくれる。以上の結果「太っている人は優しい」となる。
　　＊ある中学校の1年C組の40人に給食のアンケートが実施された。その結果、カレーライスが好きな人が最も多かった。したがって、最近の中学生はカレーライスが大好きであると結論づけられた。
12．すぐ後のクリティカルシンキングのポイントを参照。
13．はい、ヘンです。アバウトでないO型の人を知っているし、血液型によるタイプ論は科学的になんら根拠をもたないから。
14．＊最後の藁といえるもの：1.2.3.　　＊最後の藁になっていないといえるもの　4.5.
　　その理由：(是非、各自で調べてください。)
15．-(1)解答例：自分の部屋を汚くしたまま夕方外出したら、深夜に帰宅後、母に怒鳴られた。→なぜなら、普段から汚くしていることが問題であり、その夜の遅い帰宅は最後の藁となったから。
15．-(2)解答例：北朝鮮核実験事件（2006年）は、最後の藁になっていない。→なぜなら、最後の藁にならないよう、関係者や6ヵ国が真剣かつ必死に努力をしており、最悪の事態になっていないから。
16．すぐ後のクリティカルシンキングのポイントを参照。
17．①最後の藁にならなかった事柄の方が多かった。
　　②なぜなら最後の藁となった事柄は、目立つので記憶に残りやすいが、最後の藁にならなかった事柄は記憶に残りにくいから。
【解説】17．これは、認知的なバイアスの一つです。最後の目立ったことは記憶に残りやすいが、それまでの目立たなかったことは記憶に残りにくいのです。歴史でも同じことが起こりがちです。しかし、実際には、最後の藁にならなかった事柄の方が絶対数は多いと考えられます。なぜなら一つの案件に対

して最後の藁は1件ですが、最後の藁にならなかったことは複数件存在するでしょう。歴史上における戦争の回避行動は、その典型といえます。人の認知には、そのような癖があるのです。

18. ① 基本的人権　② 仕事処理能力　③ 期待される業務遂行など

19. 文法がかなりイイカゲンな文章に対し、「表現の自由」だからという人がいた。この人の例は単なる文法の間違いであり、もともとの前提は思想信条の自由である。したがって、「表現の自由」とは、思想信条の自由に関することであり、文法のてにをはの選択が自由であるということではない。また、事例と前提が合っている場合は、このような間違いがそもそも発生しない。

20. すぐ後のクリティカルシンキングのポイントを参照。

21. ① どこがヘンか：勉強する時間がなくなるほどアルバイトをすること。
　　　ヘンだと思う理由：アルバイトは学費稼ぎのためであるのに、勉強する時間がなくなるほどアルバイトをするのは本末転倒に思えるから。
　② どこがヘンか：ポイント獲得のために買い物を増やすこと。
　　　ヘンだと思う理由：必要な物を買うことが主たる目的であり、ポイントは付随するものである。そのポイントのために買い物を増やすのは本末転倒に思えるから。
　③ どこがヘンか：無料のポイントカードの配布が目的になっていること。
　　　ヘンだと思う理由：無料のポイントカードの配布は、顧客にリピータになってもらうための手段であるはずなのに、配布自体が自己目的化しているから。

22. 設問の情報は限られていますが、その中でも以下のことが考えられます。

		手段	目的
1.	本来	アルバイトで	学費を稼ぐ
	事例	（　N.A.　）	アルバイトを夢中でする
2.	本来	買い物で	必要なものを入手
	事例	10倍の時間帯に買うことで	買い物によるポイントを集める
3.	本来	ポイントカードを大量に配布することで	顧客のリピートを確保する
	事例	社員とアルバイト努力で	ポイントカードを積極的に大量に配布する

23. 料理作りが楽しくなり、食べられないほど料理を作ってしまった。料理はおいしくいただく手段であると考えれば、食べる分量を考えて作ることになる。

24. すぐ後のクリティカルシンキングのポイントを参照。

25. 高級クリームを使っても、美肌にならない人がいるかもしれないから、ヘンだ。

26. 因果関係が成立する3点で考える。
　①時間的順序：会社の格付けが下がるのが先か、あるいは、会社のリスクが高くなるのが先か、どちらが先に起きたことだろうか？　会社のリスクが高くなるのが先の可能性があるので、ヘンに思える。
　②相関関係：会社の格付けが下がることと、会社のリスクが高くなることは、一方が変化すると、それにつれてもう一方が変化するので、相関がある。
　③他の原因がないこと（第3変数の排除）：これは、一概にはどちらともいえない。
　　　以上から、時間的順序が反対の可能性があるから、ヘンだと思われる。

27. 「収益力の低下」が、その背景にありそうです。この場合、原因と結果の関係は、以下のようになります。

　　　　　原因　　⇨　　結果
　　収益力の低下　⇨　財務体質が悪化
　　収益力の低下　⇨　リスクの増大

真の因果関係が、財務体質の悪化やリスクの増大でなく、収益力の低下という要因で説明できます（図

Ⅲ-4)。

なお、第3変数としては、震災や大事故など、会社の存在基盤を揺るがすほどの大事件があればそのための出費が必要となり、それがきっかけで債務の履行能力が低下する可能性もあります。

図Ⅲ-4

28. その方が、聞き手が理解しやすいから。

格付けの定義は、会社の債務の返済能力に対するコメントです。したがって、この定義からすると、会社の債務の返済能力が下がること、つまり会社のリスクが高まることによって、格付けが下がることになります。

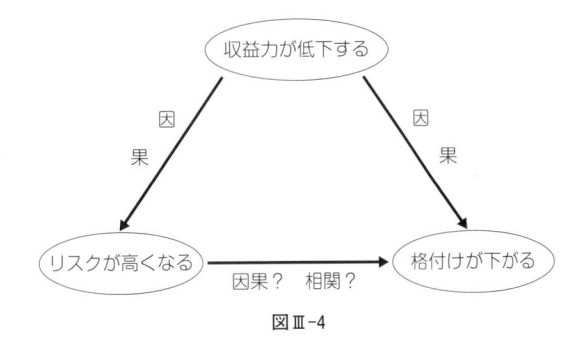

会社の債務の返済能力の低下 ⇨ 会社のリスクが高まる ⇨ 格付けが下がる

会社の格付けが下がったから、その会社のリスクが高くなる（あるいは、信用不安になる）という考えは、次の段階で生じる可能性を否定できません。

格付けの低下 ⇨ 会社との取引を控える ⇨ 会社の経営が困難になる ⇨ 会社のリスクが高まる

つまり、設問でのマスコミの論調は後者の方だけに焦点を当てているからです。なお、当初の因果関係とは反対になります。

29. ① 親の年収が高いほど、子どもの学力が高い。

見かけ上の原因A ⇨ 見かけ上の結果B
親の年収が高い　 ⇨ 子どもの学力が高い
真の原因C　第3変数：親の教育に対する関心度、熱心さ。

② 血圧が高い方が、年収が高くなる。

見かけ上の原因A　　 ⇨ 　見かけ上の結果B
血圧が高い　　　　 ⇨ 　　年収が高い
真の原因C　第3変数：年齢が高い。

30. すぐ後のクリティカルシンキングのポイントを参照。

31. ① 本厄は男性の場合は、数え年で25歳、42歳、61歳、つまり24～62歳の39年間で3回。女性の場合は19歳、33歳、37歳、つまり18歳～38歳の21年間で3回。したがって平均すると、約30年間で3回になる。なお、厄年は、一般に前厄、本厄、後厄の3年間となるので、合計で3×3＝9年間になる。もしも、数え年齢でなく、満年齢を考慮したら、3×4＝12年になってしまう。男女を平均すると働き盛りの30年程度の間に、9年間（または12年間）が厄年だから、約3割の人が厄年になるのは当然の結果である。したがって「交通事故を起こした3人に1人が厄年」というのは、この計算からすると何の不思議もない。

この理論をもとに考えると、「高額宝くじが当たった3人に1人が厄年」「病気をしなかった3人に1人が厄年」となる。つまり、厄年と交通事故との関係はない。だから、この命題はヘンである。

② 一概にはいえない。例えば、浪人しても大学に入れない人もいる。だから、この命題はヘンである。

32. ① 一概にはいえない。一発ネタの芸人と、一発ネタでない芸人のデータがない。あるいは、ひょっとして「一発ネタ」とは、1回しかないから「一発ネタ」というのかもしれない。それなら、この命題は「一発ネタ」の定義にしかなっていない。いずれにしても、これらの理由からこの命題はヘンである。

② 一概にはいえない。例えば、日本国内にいる外国人の社長は、個人で実印を持つ必要はない。アメリカ大統領も持っていない。また、三文判を実印にしている人でも出世している人がいる。したがって、この命題はヘンである。

Ⅲ　立場を替えて考えよう

33. ＊芸能人の結婚の方が離婚率が高い。

鵜呑みにした場合：与えられた情報をそのまま受け入れる。

鵜呑みにしなかった場合：まず、芸能人の離婚率と一般の離婚率を、考えてみる必要がある。さらに、芸能人の場合、結婚を継続していると話題にならないが、離婚すると大きな話題となる。一般の人なら離婚しても大きな話題になりにくい。

＊顧客満足度が高い会社は、顧客の満足率が高い。

鵜呑みにした場合：与えられた情報をそのまま受け入れる。

鵜呑みにしなかった場合：顧客満足度は、満足している顧客や不満の少ない顧客が返答している可能性が高い。本当に不満足な顧客は、わざわざ時間をかけてまで満足度アンケートに回答しないだろう。実際にそういう顧客を何人も知っている。したがって、顧客満足度の結果のみを鵜呑みにすることは危険である。

＊交際期間が短い方が離婚率が高い。

鵜呑みにした場合：与えられた情報をそのまま受け入れる。

鵜呑みにしなかった場合：交際期間が短い場合、相手を理解しないまま結婚に踏み切る可能性があるから、離婚率が高いようにも思える。しかし、交際期間が長ければ離婚するリスクは減るのだろうか？ 婚姻の継続にはさまざまな要素がありそうだ。本当のところは、どうなのだろうか？ 可能ならデータを確認する必要があるだろう。

なおこれ以外の解答例は多数あります。

34. すぐ後のクリティカルシンキングのポイントを参照。

35. これでは、相手に言いたいことが伝わりません。伝える側の論理を、一つずつ分解して、論理展開を整理してみます。

世界一地球にやさしい化粧品会社を目指す⇨石油系の原材料の利用を止めて、全て天然素材・植物系に切りかえる ⇨ 洗剤・シャンプーの原料を、石油系（ABS、アルキシベンゼンスルホン酸ナトリウム等）から、植物系（ヤシ油からの脂肪酸ナトリウム等）に転換する ⇨ ヤシ油の需給がひっ迫する ⇨ ヤシ油の値段が上がる ⇨ 一方お菓子には、ヤシ油が使われている ⇨ お菓子の原材料価格が高騰する ⇨ お菓子の価格が上昇する。

このように丁寧に説明しないと、相手に伝えたいことが伝わりません。その原因は、やはり、論理展開が飛んでいるからです。

36. ＊イチゴは暖かい時期の果物 ⇨ 冬のイチゴは温室で育つ ⇨ 温室には暖房が必要 ⇨ 暖房には、燃料が必要 ⇨ 石油値上げにより、燃料費が値上がり ⇨ イチゴの価格に転嫁 ⇨ イチゴが値上がり ⇨ イチゴを使うクリスマスケーキが値上がり ⇨ クリスマスケーキが値上がり

＊地球温暖化が進む ⇨ 北極圏の温度も上昇する ⇨ グリーンランドの氷が解ける ⇨ 表土が現れる ⇨ 石油など地下資源の採掘が容易になる ⇨ それにともない、経済活動が盛んになる ⇨ グリーンランドのGDPが上昇 ⇨ グリーンランドはデンマーク王国の一部 ⇨ デンマーク王国のGDPが上昇する

37. ＊論理展開の省略により誤解された内容：ノンアルコールビールが売れているので、飲酒運転は完全になくなるだろう。

＊論理展開の省略がない場合に伝えられた内容：ノンアルコールビールが売れている。⇨ アルコールを飲みたい運転手は、ノンアルコールビールだけを飲む。⇨ 飲酒運転は完全になくなる。

38. すぐ後のクリティカルシンキングのポイントを参照。

39. 聞き手がどのような思考の展開をするのかを、話し手が100％確実に誤解なく理解している場合。例えば、日常的なご夫婦の会話、弁護士同士の会話、会計士同士の会話、アナリスト同士、同じ分野の研

究者同士の会話など、バックグラウンドを確実に共有している場合などがあげられます。
40. アルバイトをして10万円何とか貯める ⇨ それを元手に宝くじを買う ⇨ 1億円が当たる ⇨ その資産を運用する ⇨ 一生楽ができる
41. すぐ後のクリティカルシンキングのポイントを参照。
42. この問題は是非時間をかけて温めて解いてください。
43. この問題は是非時間をかけて温めて解いてください。
44. 正解は、一つではありません。あなたの書いたことが正解になります。
45. すぐあとのクリティカルシンキングのポイントを参照。
46. (1)「正しい」でも、「誤り」でも、解答としては成立する可能性があるでしょう。各々理由を考えてください。(2)各自でこれまでに学んだことの中から、最も説得力のある推論の罠を選んで説明してください。(3)「ミルクを飲んでも酔っぱらわない」ことを検証するには、どうしたらいいでしょうか？ ぜひ考えてみてください。

第2部　応用編

とっても楽しい就活

　就活に不安を感じている人が多いので、題材にしてみます。まずは、就活を一緒にクリティカルシンキングしみましょう。本章は、欲張りですが、

1. 就活を例にして分析する能力をつけ、就活を的確に理解する
2. 自己分析を的確に行い、問題発見・解決の能力をつける
3. アクション・プラン（行動計画）を作成し、実行することができる

これらの一石三鳥を狙います。これであなたの就活に対する不安が減り、就活が成功に向かって前進することになります。

CHAPTER IV

就活をクリティカルシンキングしてみよう
―― とっても楽しい就活 ――

1．就活を分析してみよう

　ここからは、実際に直面するであろう問題を考えてみましょう。

【例題1】 就職する人生と就職しない人生とは、一体全体何が異なるのでしょうか？　根本的な違いがありますか？　もしあるとすれば、それらを列挙してみてください。なお、正解は一つとは限りません。

　■■解答例：＊自由時間の違い　＊自由度の差　＊社会保険の有無　＊生涯賃金の差　＊職業人としての経験を積み重ねることができるか、否か？　この例の他、さまざまな解答が考えられます。

【ワーク1】 それでは、就職することによって得られるものは、何でしょうか？　つまり、それは就職しないと得られないものになります。いろいろあるでしょうから、それらを列挙してみてください。なお、正解は一つとは限りません。ここでのヒントは「立場を替えて考える」「手で考える」ことです。

　■■解答欄

　この場合は、現在の自分を、①将来において就職した自分に立場を替えることと、②さらに、就職しなかった自分に立場を替えることです。

【ワーク2】 それでは、その反対に就職しないことによって得られるものは、何でしょうか？　つまり、それは就職すると得られないものになります。いろいろあるでしょうから、それらを列挙してみてください。なお、正解は一つとは限りません。

　■■解答欄

読者がすでに大人であれば、就職をするかしないかは本人の判断でしょう。本書は就職マニュアルでもなく、必勝法でもありません。実は、あなたが就職したいかどうかは、筆者のあずかり知らぬことなのです。なぜなら、あなたの就職希望は、あなた以外の人には基本的に関係のないことだからです。

　では、何のために本書で就活を題材にしているのでしょうか？　それは、就活の不安を取り除いて就職希望が叶うために、あえて就活を題材にしているのです。現実には、就職の希望があるけど、その希望の仕事に就けない人がいます。

　就職できない原因としては、不況で新卒の採用が少ないからなど、さまざまな理由が考えられます。しかし、考える力が不足しているので、就職試験に落ちてしまうとすれば、極めて悲しいことです。

　クリティカルシンキングを学ぶことで、あなたの人生の目標の一つである就職希望が達成できるのであれば、クリティカルシンキングを学んだ方がよいでしょう。そんなお手伝いができれば、筆者にとって望外の喜びです。

【ワーク3】それでは、就職するためには一体全体どのようなことを考える必要があるのでしょうか？　あるいは、考えなくてはならないことは何でしょうか？　ブレーンストーミングでかまいません。まずは、考えた方がよいことをできるだけ多く箇条書きにしてみてください。

■解答欄

【ヒント】「なぜ？」を、何度も投げかけて、掘り下げ、手で考えていくことです。「正解」はありません。まず書きながら考えましょう。実は、今あなたが解答した事柄で、あなたにとって必要な項目が、次にあなたがクリティカルシンキングするべきこととなります。

【例題2】では、ワーク2、3であなたがあげた項目の中から、最も重要だと考えられる項目について、「なぜ？」を何度も投げかけて、掘り下げてみてください。なお、正解は一つとは限りません。

■解答例
　　最も重要な項目：私は、将来何をやりたいのか？（Ex. ギターを製作する仕事をしたい）
　① なぜ、それをしたいのか？⇨（Ex. ギターが大好きだから）
　② なぜ、他のものではなく、それなのか？⇨（Ex. 演奏は下手で、製作が得意だから。楽器が大好きだから。）
　③ 他の楽器では、ダメなのか？⇨（Ex. ウクレレなどの弦楽器ならOK。その他の楽器は、興味ない。）

IV　就活をクリティカルシンキングしてみよう

就職試験では試験の点数がよければ受かります。それは、いわゆる能力のある学生とは限りません。実際には能力の高低ではなく、就職試験での点数が重要です。つまり、試験において合否を決めるのは能力でなく、試験結果つまり試験の点数です。したがって、合否は試験の点数で測定されます。

　この解答例は、当然といえば当然の話です。一般に就職試験のような短時間では、人の能力を正確に測定するのは困難であると考えられています。ですから能力の高低と試験の結果は必ずしも対応していないのです。

【例題5】それでは、何をどのようにした人なら入社試験に受かるのでしょうか？　まずは、単純に考えてみましょう。正解は一つとは限りません。

　　　■■解答例：＊会社概要、会社理念を理解する。但しこれは、必要条件にしかならないだろう。
　　　　　＊入社試験の準備を的確に行った人なら入社試験に受かるだろう。但しこれは学校の定期試験とは全く異なる。

など、この例の他にもさまざまな解答が考えられます。

【ワーク6】では、入社試験の準備を的確に行うには、どのようにしたらよいでしょうか？正解は一つとは限りません。

　　　■■解答欄

【例題6】では、その準備方法としてどうすればよいでしょうか？　就活のマニュアル本を読めばよいのでしょうか？　正解は一つとは限りません。

　　　■■解答例：マニュアルを覚えるのは、本末転倒だろう。なぜなら人事部は、マニュアルを覚えている学生を合格させようとは、考えていないからである。それでは、どうするべきか？
　　　　　まずは自己分析から行うべきだと考えられる。
　　　　　例えば、この章に出てくる問題「あなたが企業の採用決定をする人事部長なら、学生である自分を採用しますか？」の問題を、徹底的に分析するのもよいだろう。対策を間違えずに就活の準備をすべきだろう。

　この例の他にもさまざまな解答が考えられます。

　　① 就職試験分析――面接をクリティカルシンキング――

【例題7】実際には会社はどのような社員を欲しがっているのでしょうか？　考えられることを、あげてください。

　　　■■解答例：① 知識のレベルの高い社員　② 知能のレベルの高い社員

　この例の他にもさまざまな解答が考えられますし、そもそもこの問題に的確に解答する

には設問の情報が足りません。さらに、もし情報があっても、会社によって答えが異なるでしょう。このように、答えが分からない問題や答えがないかもしれない問題は世の中には大変多いものです。一人で考えていても、全く埒が明きません。

　そのような場合はどうすればよいでしょうか？　筆者があるIT企業の社長さんに尋ねたところ、下の「当社の目指す技術者像」のリストをいただきました。このリストは採用時に新入社員に同意してもらう書類です。どのような人材が求められているのかを考える

当社の目指す技術者像
～ITであっても、仕事は人間が行うもの～

「人間力＋技術力を持ち合わせた心身ともにタフな技術者」を目指しますが、「技術者である前に一人前の社会人」であることが大切です。

|伸びる技術者の条件|
1．素直な心
2．教えを請う相手に敬意を持つ（謙虚な心）
3．がむしゃらさ
4．自分自身で限界を設けないこと

◆日々の姿勢
　当たり前のことを当たり前に行う。
　物事は出来るだけシンプルに（本質は何か）。
　「報告・連絡・相談（ホウ・レン・ソウ）」が出来なければ社会人とはいえない。
　人に対する思いやりと、配慮を持って接しよう。
　世の中が変わるのなら、自分自身も変わらなければならない。
　常に「プラス思考」を意識し、自分のために勉強して、自分のために働く。
　正確な自己分析が出来れば、自ずと行動は見えてくる。
　「他人の評価」と「自分の評価」は違うということを認識しよう。
　義務を果たさなければ、権利は主張できない。

◆学習・研修態度
　技術をキャッチアップするための勉強は当然。
　自分の頭で考える（疑問を持つ、想像力を働かせる）。
　当たり前のことを繰り返してやり続ける。
　「日々1ミリ」の成長。
　資格を取ったからといって、技術者になれるものではありませんが、技術者としてスタートを切るには必要なことです。たかが資格、されど資格です。

◆仕事に対する姿勢
　仕事は「与えられるものではなく、奪い取るもの」。
　雑事において一流の人間は、人間としても一流である。ゴミ出しや掃除など、他人がやりたがらないような雑事を積極的にやりましょう。
　「叱られる」のは、見込みがあるから。「叱られる」ことを恐れずに挑戦しよう。
　仕事は一人でやるものではない、チームで行うもの。コミュニケーションを大切にしよう。

◆コミュニケーションとは
1．自分の意思を正確に伝える
2．相手の意思を正確に受け止める
3．相手の意思を正確に受け止めてドキュメント化する

上記事項に同意いたしました。
　　　平成　　年　　月　　日
　　　　　　　　　　　　　　　　　　　　　　　　　　本　人　氏　名　㊞

（下前雄（2012）当社の目指す技術者像、株式会社ジーアンドエフの社内資料より。参考：http://www.gandf.co.jp/（参照日2012.12.16））

Ⅳ　就活をクリティカルシンキングしてみよう

上で大変参考になる資料です。就活を検討する際には、これを参考にまず「立場を替えて考える」ことを試しましょう。また、このリストの必要な項目について、自分ならどの程度できるのかを5段階で自己評価してみましょう。さらに、できればなぜその自己評価になったのかの理由を1行でもよいので手で書いて考えてみるのがよいでしょう。

【ワーク7：合格のためのステップ】実際に就職試験の面接の際、会社側はどんなことをチェックしているのでしょうか？　考えられることをあげてください。正解は一つとは限りません。

■■解答欄

　これは、いくら立場を替えても、難しい問題です。相談しても、一人で考えても、なかなか埒（らち）が明かない問題です。そのようなときは、やはり「カンニング」がよいでしょう。面接する側はどんなことをチェックしているのか、そのリストはどこかには存在します。

　では、ある外資系のコンサルティング部門で面接の際に実際に使われていたチェックリストを参考までに紹介します。この表の全ての項目が面接試験で点数化されるのではないそうです。しかし、この表に記載された項目を念頭に置いて、面接を進めていることは事実です。実際には、主な項目や必要と思われる項目を、例えば5段階などで評価して、さらにこの表にコメント等を自由に加えて、社内検討の資料にしているそうです。全ての会社がこの表の項目をチェックしているとはいえませんが、大変に参考になる資料です。この表の各項目についてまずは自己評価してみてください。

```
                        応募者の印象シート

        日付_____ 応募者のイニシャル_____ 記入者のイニシャル_____.

                                        現在      将来・潜在能力    コメント
   Ⅰ．分析的な能力：
   −現実を分析し、問題を発見する力
   −情報を理解し、解釈する力
   −問題を解決する力
   Ⅱ．個人的な資質：
   −やる気、元気、本気
   −自己を客観視する力
   −興味の広さ
   −学力、学問的な力
   −自己キャリアの形成
   −人格、人となり
   Ⅲ．自分の考えを相手に伝える能力：
   −口頭のプレゼンテーション／説得力
   −文書を的確に書く力
   −組織的に行動する力、仲間として行動する力
   −リーダーシップ
   −相手に与える印象
   −柔軟性
   −自己管理能力
   Ⅳ．対外的な交渉能力：
   −新規顧客開拓
   −既存顧客サービス向上
   Ⅴ．事務的な作業能力：
   Ⅵ．個性、性格、特徴：
   −長所
   −短所
   Ⅶ．総合評価：
```

(Assigning Managerial Talent AT ATT (A) Exhibit 4. Harvard Business School 9-482-035, 1981を参考に作成された資料を筆者が和訳)

② 就職試験分析──筆記試験をクリティカルシンキング──

早速、入社試験について分析してみましょう。

【ワーク8：入社試験の出題範囲】 大学3年生のA君は就職の希望として、大手の総合商社、

○○社の総合職を検討しています。大学卒業生に対する入社試験（第一次選考の共通試験）では、どの範囲の知識が出題されると考えられますか？　以下回答を選び、あなたが考える理由を述べてください。なお、理由はあなたの考える仮説で結構です。

　選択肢：1．大学院入試レベルの知識　2．大学の学部までの知識（3、4年生）
　3．大学の教養課程までの知識（1、2年生）　4．高校までの知識　5．中学までの知識
　6．その他

■■解答欄

マナブ「大学生が全員学ぶ共通の科目は、何だろうか？」
真子「農学部でも、芸術学部でも、学ぶ科目ということね？」
クリ雄「英語、体育、文章表現関係かな？」
真子「文章表現関係は、ない大学を知っている。K大学にはない。」
クリ雄「じゃ、英語と体育？」
マナブ「T大学は、体育の単位を取らなくても卒業できる。」
クリ雄「英語は？」
真子「あれは、たしかセンター試験では『外国語』の扱いだったわ。」
マナブ「英語がなくても卒業できる大学があると、聞いたことがある。」
クリ雄「英語は大学生の必修ではないの？」
T先生「そうだね。外国語大学でも独仏だけで卒業が可能な所があるよ。」
マナブ「それでは、大卒の共通科目なし、ということになるね。」
クリ雄「じゃあ、大卒を募集する企業は何を期待しているのだろうか？」
T先生「学士力や社会人基礎力という言葉を聞いたことがあるかい？　生きていく上で、社会人として、ビジネスパーソンとして必要な力だね。それは期待されているだろう。」
真子「専攻や専門の知識は期待されていないの？」
T先生「職種にもよるね。でも、学部・学科を問わない総合商社で、大卒に共通の一次の共通試験では、期待されていないと考えられるね。」
真子「じゃ、なぜ、専攻や専門を学ぶの？」
T先生「いい質問だね。考えてごらん？」
マナブ「んーー。そうか、分かった。」
真子「何が分かったの？」
マナブ「直接的には学ばないけれど、どの学部でも、論理的な思考力が必要だ。共通の科目ではないけど、どの学部の大学生にも共通で必要なことだ。クリティカルシンキングで学ぶようなことは……。」

T先生「そうだね。いい切り口だね。よいポイントに気がついたね。いずれにしても、大学生として、論理的思考は期待されるだろうね。」
真子「分かったわ。だから、学士力や社会人基礎力にも、うたわれているんだわ。」
クリ雄「そうか。だから、クリティカルシンキングは必要なんだな。」

2．自己分析をしてみよう

(1)真面目・不真面目問題

学校での学びと就職の関係は一体どうなっているのでしょうか？　やはり、真面目に勉強している人の方が就職が楽にできるのでしょうか？

【ワーク9】学校でかなり真面目に勉強しても、公務員試験に落ちる人がいます。この悲しい現実は、なぜ起きるのでしょうか？　その原因を考えてみましょう。

■■解答欄

【例題8】まずは、分析してみましょう。「かなり、真面目に学校で勉強しても、公務員試験に落ちる人がいる。」その原因を考えてください。
　(1)この設問中で重要な句を、二つあげなさい。
　(2)さらに、この設問中で重要な単語を二つあげなさい。
　　■■解答例
　　　(1)重要な句：＊真面目に学校で勉強しても、＊公務員試験に落ちる。
　　　(2)重要な単語：＊真面目　＊落ちる

この例の他にもさまざまな解答が考えられます。

ここで重要な単語は、「真面目」と「落ちる」であるとしてみます。ですから、その2つの単語を切り口にして、分析してみましょう。この2つの変数を軸にします。つまり、「真面目〜普通〜不真面目」、「合格〜補欠〜不合格」この2つを、X軸、Y軸にします。ここでは、議論を単純化するために、「真面目〜不真面目」、「合格

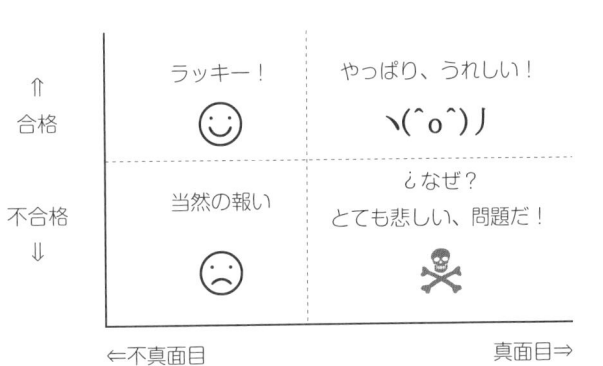

図Ⅳ-2　学生生活のポジショニング

つまり、学校の勉強はおそらく公務員試験の3～4割程度、あるいは2～5割程度しかカバーしていないと考えられます。ですから、この分析に基づけば「かなり真面目に学校で勉強しても、公務員試験に落ちる人がいる」のは全く不思議ではなく、自然なことといえるのです。

　このように単純なことですら①手で考える、②「なぜ？」を何度も投げかける、③立場を替えて考える、を行うと、問題の答えがみえてきます。この手法を是非身につけてください。

　さて、「この悲しい現実は、なぜ起きるのでしょうか？」ということについては、ある程度答えがみえてきました。では、次は何を分析したらよいでしょうか？　読者の関心はおそらく、「この悲しいことを避けるためには、どうしたらいいだろうか？」でしょう。これを考えてみましょう。

　あなたがこの設問の「悲しい現実」に遭遇するかもしれないという仮定で、あなたが無理なく確実にできるアクション・プラン（行動計画）を、ツリーやマトリックスを使ってあなた自身で立ててみましょう。なお、アクション・プランの立て方については、第3節にて別途解説します。

(2)君が人事部長なら、今の君自身を採用するか

　次のケースで、問題を解きながら分析してみましょう。

【ケース1】早速、これまでに学んだこと、「立場を替えて考えよう」を活用してみましょう。もし、あなたが企業の採用決定をする人事部長なら、現在学生である自分を採用しますか？

【ワーク11】A「採用しない」と解答した場合：その理由は何でしょうか？　箇条書きで簡潔に答えてください。さまざまな解答が考えられます。まずは、あなたの考えでよいので自分で箇条書きに書いてみましょう。

　　■解答欄

　前述の立場を替えて考える練習です。自分自身のことを書きながら進めてください。

【例題10】例えば①「社交性が欠如している」となぜ採用されないのでしょうか？　その根拠・理由を示してください。なお、正解は一つとは限りません。

　　■解答例：＊社交性が欠如しているので、他人とうまく付き合うことができないから

　この例の他にもさまざまな解答が考えられます。あなたの書いた解答が正解です。

　さて、前述の「なぜ？」を何度も投げかけて掘り下げる練習です。書きながら進めてください。なぜ「社交性が欠如しているので、他人とうまく付き合うことができない」ので

しょうか？　これを例にして、自分で自分が納得できるまで掘り下げてみましょう。自分で納得がいく説明ができなければ、相手に伝えることはできません。まずは、自分自身で自分に説明してみることが必要になります。

【例題11】②なぜ社交性が欠如して、他人とうまく付き合うことができないのでしょうか？　その根拠・理由を示してください。なお、正解は一つとは限りません。ここでもヒントは「手で考える」です。

■■解答例：相手に話をしたり、説得したり、理解しあったりすることが、下手であり、苦痛に思えるから。

【例題12】さらに掘り下げてみましょう。③なぜ、相手に話をしたり、説得したり、理解しあったりすることが、下手であり、苦痛に思えるのでしょうか？

■■解答例：これまでの人生で、あまり練習する機会がなかったから。

【例題13】さらに掘り下げてみましょう。④なぜ、これまでの人生で、あまり練習する機会がなかったのでしょうか？

■■解答例：学校、課外活動、アルバイトなどで積極的に人と関わることをしてこなかったから。

【例題14】さらに掘り下げてみましょう。⑤なぜ、学校、課外活動、アルバイトなどで積極的に人と関わることをしてこなかったのでしょうか？

■■解答例：そのような活動が嫌いだから。

さて、書きながら「なぜ？」を何度も投げかけて掘り下げることで、原因が見えてきました。

次はこの問題の解決方法を考えてみましょう。

【ワーク12】自分は社交性が高くなく、会社の発展に貢献できないので、就職試験に受からないと考えられる事態をいかに解決したらよいでしょうか？　解決方法を列挙してみましょう。なお、正解は一つとは限りません。

■■解答欄

原因が特定できれば解決方法は考えやすいですが、原因が特定できないと解決方法どころの話ではありません。「なぜ？」を何度も投げかけて掘り下げることで、原因が特定され解決の方向性もみえてきます。

それでは、これらの解決方法から、実現可能なもの、効果のありそうなものを選択して実行しましょう。

【ワーク13】それでは、この人は今後何をするべきでしょう。アクション・プランを立ててください。今回はクリティカルシンキングのポイントではなく、「目標達成のためのポ

イント」を自分でまとめて、是非実行しましょう。

■■解答欄

【ワーク14：合格のためのステップ】それでは、あなた自身の問題を考えてみましょう。方法は同じです。なぜ採用されないのかの理由から一つ選んでください。「なぜ？」を何度も投げかけて掘り下げてください。必ず書きながら進めてください。これはあなた自身の問題です。したがって、あなたの書いた答えが正解になりますが、書いてみることが重要です。

■■解答欄

原因は見えてきましたか？

【ワーク15：合格のためのステップ】次は、あなた自身の問題の解決方法です。方法は同じです。やってみましょう。

(1) 問題を特定する

例：＿＿＿＿＿＿＿＿＿＿＿ができないので、＿＿＿＿＿＿＿＿＿＿と考えられる事態をいかに解決したらよいか？

(2)「なぜ？」を何度も投げかけてみましょう。

(3) 解決方法を探る。

これはあなた自身の問題です。したがって、あなたの書いた答えが正解になります。

■■解答欄

ヒントは「なぜを、何度も投げかける」、「手で考える」ことです。

【ワーク16：合格のためのステップ】次はあなた自身の問題のアクション・プランです。「目標達成のためのポイント」を自分でまとめ、是非実行しましょう。あなたの計画ですから、あなたの書いたものが全て正解になります。

■■解答欄

これまでは自分を「採用しない」という解答の場合を分析してきました。しかし「採用する」と答えた人もいるはずです。

【例題15】「採用する」と解答した場合：まずは、自己を肯定することはよいことです。自分の良さをさらに伸ばしてください。では「採用する」と考える理由は何でしょうか？
　箇条書きで答えてください。なお、正解は一つとは限りません。

　　■■解答例：＊会社に貢献できるから　＊人事部長が私を気にいっている　＊会社が私を必要とするから　＊能力が高いから

　さまざまな解答が考えられます。まずは、あなたの考えでよいので、自分で箇条書きに書いてみましょう。

【例題16】あなたの解答の一つ「会社が私を必要とするから」に対して、なぜあなたはそう考えるのでしょうか？　説得できる根拠・理由を示してください。

　　■■解答例：＊自分は社交性が高く、会社の発展に貢献できるから。

　前述の「なぜを、何度も投げかける」の練習です。自分が納得できるまで、掘り下げてみましょう。自分で納得がいく説明ができなければ、人事部長を納得させることができませんから。

　それでは、この人は今後何をするべきでしょう。アクションを計画してください。「目標達成のためのポイント」を自分でまとめて、是非実行しましょう。

　　■■解答例
　　　＊目標達成のためのポイントを作成する。　＊うぬぼれないで、常に自分を第三者の観点から見つめる。

【ワーク17：合格のためのステップ】次はあなた自身の問題のアクション・プランです。「目標達成のためのポイント」を自分でまとめて、是非実行しましょう。あなたの計画ですから、あなたの書いたものが全て正解になります。

　　■■解答欄

【ケース２】ここに二人の学生がいます。一方は学生であるあなたです。他方は将来にわたり、給料の何百倍もの利益を確実に会社にもたらす人です。それ以外の条件は、学生二人とも同じであるとします。

【例題17】この企業は一人だけ採用します。この二人が応募しました。企業の採用決定をする人は、どちらを採用するでしょうか？　また、それはなぜですか？
　Ａ：学生であるあなた　Ｂ：多大な利益をもたらす学生

　　■■解答例
　　　＊Ｂ：多大な利益をもたらす学生　会社にとって利益になるから。

Ⅳ　就活をクリティカルシンキングしてみよう

＊A：学生であるあなた　理由は、あなたが書いたものが正解になります。

【ワーク18】ケース１（あなたのみの場合）とケース２（給料の何百倍もの利益を稼ぎ出す学生と、あなたの場合）の違いは何でしょうか？　その違いを分析してください。どんな違いでもかまいません。考えられることを、箇条書きで紙に書いてください。

■解答欄

そもそも、給料の何百倍もの利益を確実に会社にもたらす人、そんな新卒学生はめったにいませんね。万一存在しても、それを見抜ける人事部長がどれだけいるでしょうか？　千里の馬は常にあれども、伯楽は常にはあらずです。

では、どうしたらよいでしょうか？　実はあなたが重要だと思っていることと、会社が重要だと思っていることは、基本的には同じでしょう。それは、あなたが将来にわたって会社の成長に大きく貢献できるかどうかです。会社で求める人材はそのような学生でしょう。つまり「あなたが将来にわたって会社の成長に大きく貢献できる」ことを会社に伝えればよいのです。

【ワーク19：合格のためのステップ】それでは、あなたが将来にわたって会社の成長に大きく貢献できることを、あなたは会社にどのように伝えるべきでしょうか？

■解答欄

それでは、質問の仕方を変えてみます。あなたは自分の何を売り物にして、自分の何を会社に買ってもらいたいですか？　つまり、あなたは「自分の何を採用決定者に伝えて、自分の何を会社に評価してもらいたい」ですか？　これが、重要な事項となるでしょう。

したがって、「あなたが将来にわたって会社の成長に大きく貢献できること」が重要であるとすれば、合格体験記のモノマネ、マニュアル本の暗記、会社訪問数の多寡は、全く関係なくなります。

【ワーク20】なぜ、合格体験記のモノマネ、マニュアル本の暗記、会社訪問数の増加だけでは、ダメなのでしょうか？　なお、正解は一つとは限りません。

■解答欄

【解説】学生から採用決定をする人へアピールすることをまとめてみました。一般的には

① 能力と② 実績といえるでしょう。

① 能力（潜在力）のあることを、採用決定者に伝えるには？

学生はビジネス経験がないので能力を伝えることは難しい ⇨ その代わりとして、潜在力のあることを伝える必要がある。⇨ だから、その証明として役立つもの ⇨ 学校の卒業証書、成績証明書、各種資格試験合格証、語学能力の証明証等。⇨ しかし、これらは、合格の必要条件の一部になりえるが、合格の十分条件にはならない。

② 実績のあることを、採用決定者に伝えるには？

一般に学生はビジネス経験がない。⇨ ビジネスの実績に代わるものとして、学生時代に何をやったかが重要になる。⇨ だから、その証明として役立つもの ⇨ 学内学外活動とその実績、クラブ活動、NPO活動、アルバイトの内容・実績等 ⇨ これらの具体的な内容を通して、人事部長はコミュニケーション力、リーダーシップ・チームワーク、学生のコンピテンシーを知ることができる。さらに討論・面接を通して、具体的事例に触れることで、その人の人間力、問題発見・解決能力、魅力等を知ることができる。⇨ これらの実績はビジネスの実績ではないが、学生の「実績」である。これらは、おそらく将来のビジネスの実績を生み出す力になる。⇨ したがって、ビジネスの実績はなくても、それに代わりうる「学生時代の実績」が、ビジネスの実績の潜在力になることを証明できる。このような理由によって、学生時代に何をやったかが面接の重要な話題になる。

(3)就活と学力（偏差値・知識）

世の中では学力（いわゆる偏差値・知識）が重要であると考えている人が多いです。確かに、入学試験では分かりやすい目安であり、基準になることもあるでしょう。しかし、就活においては、学力（偏差値・知識）は一体どういう意味があるのでしょうか？　ここで考えてみましょう。

【例題18】 入学試験のときには、いわゆる"偏差値"は極めて重要であり、合否に大きく関連していました。では、就職試験ではどう関連するのでしょうか？　以下の選択肢から選びなさい。さらに、その選択肢を選んだ理由を述べなさい。

(1)就職試験で、いわゆる"偏差値"は、採用決定には、ほとんど関係しない。
(2)就職試験で、いわゆる"偏差値"は、採用決定では、あまり重要な要素でない。
(3)就職試験で、いわゆる"偏差値"は、採用決定の重要な要素である。
(4)その他（内容：　　　　　　　　　　　　　　　　　　　　　）

■解答例：(2)就職試験で、いわゆる"偏差値"は、採用決定では、あまり重要な要素でない。
なぜなら、いわゆる一流企業に総合職で入社する人は、一流校出身とは限らないから。

どのような答えでも理由・根拠がしっかり述べられていれば、正解です。

もし、人事部長が一流校の秀才を採用しようと考えれば、結果としていわゆる学力（偏差値・知識）と合否との関連性は高くなるでしょう。あるいは、研究職、高度な専門職等、

いわゆる頭の良さが必要とされる分野ならば、いわゆる学力（偏差値・知識）との関連は、結果として生じるでしょう。しかし、実際の社会、一般の会社ではどうでしょうか？

あなたが就職を希望する会社の人事部長は、いわゆる学力（偏差値・知識）にどれくらい期待しているでしょうか？

【ワーク21】あなたが就職を希望する会社の人事部長は、新入社員に対して、いわゆる学力（偏差値・知識）についてどのように期待しているでしょうか？ あなたの考えを簡潔に書いてください。さらにその理由を書いてください。

■解答欄

正解はありません。しかし、あなたの書いた答えは本当に正しいでしょうか？ まずは「んーーっ。チョット、マッタ！ それって、ホント？ なぜ、本当？」と、考える必要がありそうです。このように、難しい問題に遭遇したとき、あるいは答えが分からないときは、一体全体どうしたらよいでしょうか？ これまでに学んできたことから考えてみましょう。①「なぜ？」を何度も投げかけて掘り下げる ②「カンニング」する ③分けると見えてくる。これら三つの方法が思い浮かびます。

① 「なぜ？」を何度も投げかけて掘り下げる：何度も質問しながら、問題を掘り下げることは、現在この問題でも行っています。引き続き行っていきます。
② 「カンニング」する：これについては人事部長や会社側の考えをヒアリングするとある程度分かるでしょう。会社の社長や人事部長や会社がどのような社員像を期待しているかということですが、これについては本書で別途解説しています。
③ 分けると見えてくる：いわゆる学力（偏差値・知識）の関連する分野を、その程度ごとに、大きく三つに分類して考えてみることです。

ここでは、これを使ってみましょう。

A：学力（偏差値・知識）と全く・ほとんど関係のないと考えられる分野 ⇨ 観念、情念、映像を見て感激する・泣く等、情を解する力など。

B：学力（偏差値・知識）と相関や疑似相関があるかもしれないと思われる分野 ⇨ クリティカルシンキング、気づき、表現力、知性、発想力など。

C：学力（偏差値・知識）と極めて相関があると考えられる分野 ⇨ 試験問題を解く力、素早く解答を得るために式を立てる力、読解力、英語力など。

【ワーク22】あなたが就職を希望する会社の入社試験、特に面接試験において、最も重要な分野・力は上記の「A」「B」「C」のどれだと考えられますか？ さらに、その理由を述べなさい。

■■解答欄

　実際の就活には、過去のいきさつ、OB・OG の存在やその活躍、先輩の紹介、推薦の有無など、さまざまな問題や条件が存在します。それらの条件はさておき、学力（偏差値・知識）との関係についてさらなる分析を重ねてみます。次に就活と学力（偏差値・知識）との関係について、③の「分けたら見えてくる」の分析方法を駆使して考えていきましょう。

　まず、就活の成否を考える上で、重要な要素、切り口は何でしょうか？　つまり、MECE を使って分析するとき、切り口になる（マトリックスの軸になる）項目は何でしょうか？

【ワーク23】就活の成否を考える上で学力（偏差値・知識）は、何との関係において、分析したらよいでしょうか？　つまり、学力に相当する指標のようなものはあるでしょうか？　あるとすればそれは何でしょうか？　あなたの考えたアイデアを書きなさい。

■■解答欄

【解説】この答えは、学力（偏差値・知識）がどれくらい重要であると考えるかによって、左右されるでしょう。あまり重要でないと考えれば、答えはいくつでも出てくるでしょう。さまざまな解答があるでしょうが、おそらく就活生の適性、就活生のセールスポイントなどが、その例でしょう。ここでは就活のための能力として、「就活クリシン力」とします。これを切り口にして分析します。

　つまり「就活クリシン力」とは、就職試験合格に必要な学力（偏差値・知識）以外の力であるとします。例えば、仕事への適性、就職希望者のセールスポイントなどであり、いわゆる偏差値では判断できない力です。これにはクリティカルシンキングが必要となります。

(4) 学力と就活クリシン力

　今、ここでは会社からの就職試験合格ラインは、学力（偏差値・知識）と「就活クリシン力（就活力）」の合計で決まると仮定します。すると、就職試験合格ラインは図Ⅳ-4にあるように、右下がりの線で表されます。なおここでは、就活について考える人を就活シンカーといいます。

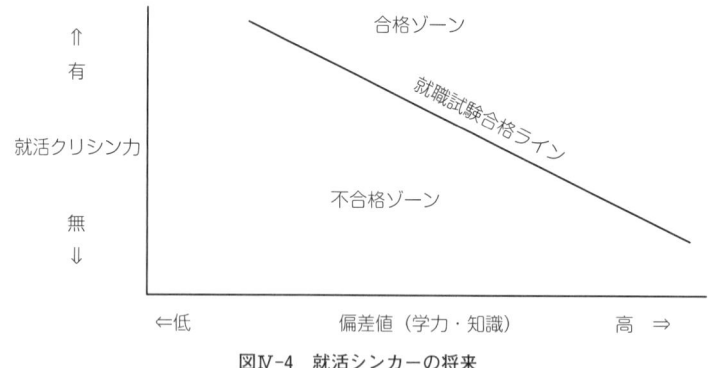

図Ⅳ-4　就活シンカーの将来

【ワーク24】もし、学力重視の会社の場合には、就職試験合格ラインはこの図Ⅳ-5のように①より水平に近いのでしょうか？　それとも⑪もっと垂直に近いのでしょうか？　あなたの考えを書きなさい。

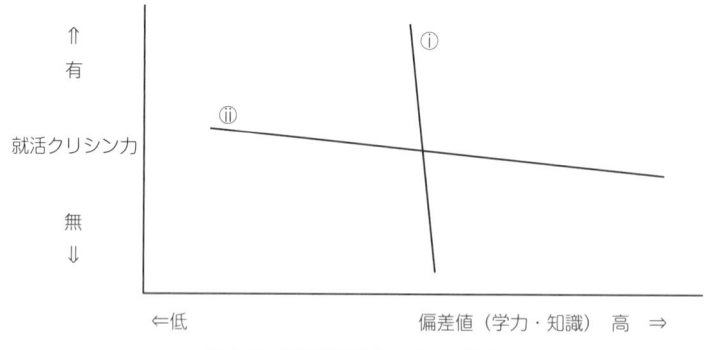

図Ⅳ-5　就職試験合格ラインの傾き

■■解答欄

　もし、垂直に近ければ、就活において偏差値（学力）が重要であり、水平に近ければ就活において「就活クリシン力」が重視されていることになります。実際に、以前はいくつかの一流企業は大卒生を募集する際に、学校を指定するいわゆる指定校制を採用していました。つまり、これは大学入学時の学力重視の現れと考えられます。学校のレベルを第1段階の選考、いわゆる「足切り」に利用されたことがあります。現在は指定校制が廃止され、学校のレベルよりも本人重視、つまり個人個人の能力や個性が重視される採用基準になっています。

　したがって、就職試験合格ラインの傾きは、図Ⅳ-7のように、水平化されてきています。

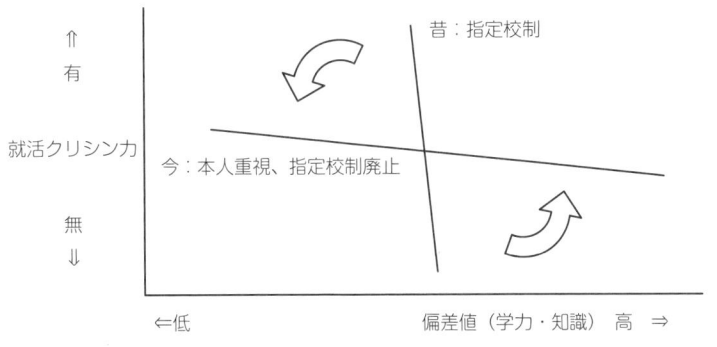

図Ⅳ-6　就職試験合格ラインの傾きの変化

【ワーク25】就活シンカーの将来の図Ⅳ-4において、就職試験合格ラインは好況期と不況期ではどのように異なるのだろうか？　なお、正解は一つとは限りません。

■解答欄

ヒントは「手で考える」、「立場を替えて考える」ことです。

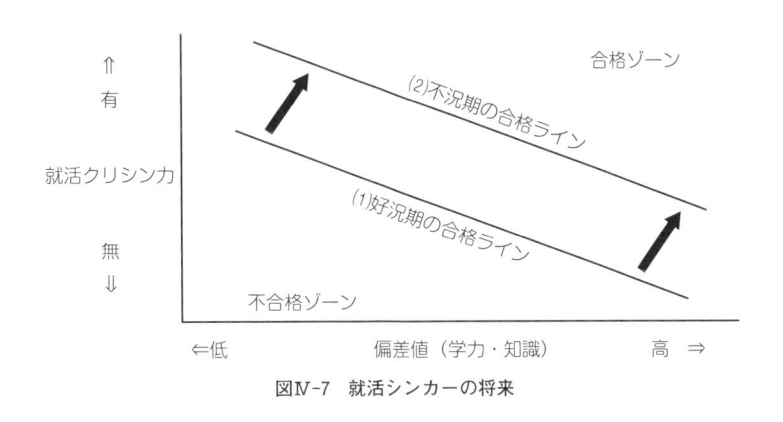

図Ⅳ-7　就活シンカーの将来

したがって、合格ラインの傾きの変化（図Ⅳ-6）と、就活シンカーの将来（図Ⅳ-7）情報だけでは必ずしも十分に分析しきれませんが、一例としては現在は図Ⅳ-8のような状態になっていると考えられます。

Ⅳ　就活をクリティカルシンキングしてみよう

問題発見・解決マトリックス（MECEカード）から分かること
＊整理してみる価値あり。　＊諦めないことが重要だ。　＊MECEカードは自分を振り返るのに、よい手段になる。
　ヒントは「手で考える」、「分けると見えてくる」です。

【例題20】ある先輩社会人に尋ねました。「学生時代経験したことで、役立ったこと」は何ですか？

■■解答例：「学生時代の経験で、役立ったこと」

MECEに分解	コピー	語学	頭の体力	短期決戦力	一夜づけ力
大卒時まで	○	△	◎	◎	◎
卒業後	☆	☆	◎	☆	◎

問題発見・解決マトリックス（MECEカード）から分かること
＊自己認識ができた　＊自己評価ができた

【例題21】外国出張がとても多いあるビジネスマンに尋ねました。語学の勉強はいかがでしたか？　目標や到達度を自己分析してみてください。

■■解答例：語学の目標、到達の分析

MECEに分解	英語	ドイツ語	フランス語	スペイン語	韓国語	中国語
当初の目標	授業の単位	授業の単位	授業の単位	原書を読む	なし	なし
	⇩	⇩	⇩	⇩	⇩	⇩
後の目標	スピーカース・コーナーで訴える	悪口が分かる	なし	Piropoを言う	タクシーの相乗りができる	なし

問題発見・解決マトリックス（MECEカード）から分かること
＊動機不純の法則が重要
＊特に「中国語」からの学び：目標が具体的でないと、何も達成しない！　ということです。

第2部　応用編

【ワーク27】さて、今度は、読者のあなたにお尋ねします。MECE カードを使って日常生活の中で今一番気になることを、分析してみてください。

■■解答例

「あなたの気になること：○○○○○○○○○○○」

MECEに分解					

問題発見・解決マトリックス（MECE カード）から分かること

【例題22】さて、MECE カードを使って、公務員試験受験の戦略を立てようと思います。最も気になることから、分析してください。

■■解答例：公務員試験戦略：範囲と学習方法

MECE に分解	一般教養	専門	論文	時事問題	英語
自分でやる	◎			○	不要
学校で十分		○	○		
ダブルスクール					

問題発見・解決マトリックス（MECE カード）から分かること
＊ダブルスクールは、特に必要ない

さて、第1部の復習になりますが、分析で重要なことは何でしょうか？　クリティカルシンキングのポイントで学んだ「分けると見えてくる！」です。分けることで、分かりにくかったもの、複雑なもの、未知のものが構造化されます。是非、自分の手で書いて確かめてみましょう。構造化されることで、分析や検討がしやくすくなり、問題発見や解決につながるのです。

IV　就活をクリティカルシンキングしてみよう

> ☆★★ クリティカルシンキングのポイント ★★☆
> 分けると見えてくる！

ヒントは「手で考える」、「分けると見えてくる」です。

【例題23】 MECE カードを使って、公務員試験の一般教養科目対策の方針を立てようと思います。最も気になることから、分析してください。

■■解答例：公務員試験（一般教養科目対策）

MECE に分解	1次試験				2次試験
	一般知能 (数学)	社会科学	人文科学	自然科学	
得意				✓	✓
		✓			
普通			✓		
不得意	✓				

問題発見・解決マトリックス（MECE カード）から分かること
＊「一般知能」の対策が不可欠

【ワーク28】 それでは、MECE カードを使って、公務員試験の一般知能（数学）対策を立てようと思います。分析してください。なお、正解は一つとは限りません。ヒントは「手で考える」、「分けると見えてくる」です。

■■解答欄

MECEに 分解					

【ワーク29】 それでは、MECE カードを使って、公務員試験の受験勉強時間の確保をしたいと思います。どのような時間帯を利用できるか、その可能性はどうかを、自分で分析し

てください。

■■解答欄

MECEに分解					

【例題24】 それでは、MECEカードを使って、公務員試験の合格の目標点を立ててください。できれば、模試の点数や、実際の点数と比較してみましょう。なお、正解は一つとは限りません。

■■解答例：公務員試験の合格の目標点

MECEに分解	1次試験	2次試験	面接試験	総合	各省訪問
模試1	40	40	NA	40	
模試2	60	50	NA	55	
試験当日	80	60	合格	合格	
実際	70-80	60	OK	合格	

問題発見・解決マトリックス（MECEカード）から分かること

＊具体的戦略の策定

【ワーク30】 公務員試験の過去問と、大学の授業の教科書の関係はどうなっているでしょうか？ MECEカードを使って、分析してみてください。

■■解答欄

Ⅳ　就活をクリティカルシンキングしてみよう

【例題25】あなたは公務員試験の学習をどのレベルの問題を中心に焦点を当てて勉強するのか、MECE カードを用いて考えて分析してみてください。

■■解答例：「問題のレベルにおける集中と選択」

	科目A	科目B	科目C	科目D	科目E
難しい問題	―	―	―	―	―
その中間	◎	◎	◎	◎	◎
易しい問題	―	―	―	―	―

問題発見・解決マトリックス（MECE カード）から分かること
＊焦点を当てるべきレベルを確認

【ワーク31】例えば、法学部の学生の進路を考えてみます。法科大学院の適性試験、公務員試験、入社試験において、試験の出題範囲はどうなっているのでしょうか？ なお、正解は一つとは限りません。

■■解答欄

【ワーク32】今度は、読者のあなたの問題です。
①あなたが就活において分析したいことは何ですか？ できるだけ具体的に書いてください。
②その分析したいことを、マトリックスかロジックツリーにしてください。なお、当然、正解は一つとは限りません。

■■解答欄

3. アクション・プランを作成し、実行しよう

　さて、これまで就活をテーマにクリティカルシンキングを行ってきました。今度は、自分の将来に向けて自分自身をクリティカルシンキングしてみましょう。答えは、あなた自身のものですから、誰にも見せる必要はないでしょう。しかし、それを実行するか、しないか？　夢を実現するか、しないか？　全てあなたの自由です。

　就職するためだけに学んでいるのではありません。重要なことは、あなたは何をしたいのか？　それに向けて何をすればよいのだろうかということです。

【例題】この演習問題の目的は何でしょうか？

　　■■解答例：自分のアクション・プランを作成するために、自己分析をするためです。では、次に演習問題は解答しながら、将来のことについて考えを深めていきましょう。

【演習問題】

問1．あなたの将来の夢・希望は、何でしょうか？

＊

＊

問2．あなたの将来の目標は、何でしょうか？

＊

＊

問3．なぜ、夢・希望や目標は実現しにくいのでしょうか？　特にあなたの場合はどうでしょうか？

＊

＊

問4．就活のなぜ？

(1)もしあなたが、あなたの就職希望の会社の人事部長だとしたら、あなた自身を採用しますか？

　　　　採用する／採用しない

(2)それは、なぜですか？　その理由を考えて、できるだけ具体的に書いてください。

(3)あなたが採用されるためには、何が必要だと思いますか？　人事部長になったつもりで考えてください。

Ⅳ　就活をクリティカルシンキングしてみよう

問5．卒業する年の4月

(1)卒業する年の4月、あなたは何をしていたいですか？　答えは希望でよいです。

(2)ところで、エントリーシート記入まで、あと約何ヵ月ですか？　それは、あと約何日ですか？

(3)具体的なアクション・プラン（行動計画）を立ててみましょう。

アクション・プランを立てよう

Ⅰ．目標

Ⅱ．達成するための戦略・方策
*
*

Ⅲ．具体策（5W1H、6W3Hで分析）
Who?（Whom）

What?

Where?

When?

Why?

How?（How much? How many?） できるだけ、具体的に。

　さて、読者の方の解答をもとに、自分でさらなる問題を発見し、自分で解決策を探ってみてください。その際、これまでに学んだことをできるだけ活用してみましょう。これまでに学んできた重要なことは、たくさんあります。最も重要なことを三つあげてください。Ⅰ．「なぜ？」を何度も投げかけよう、Ⅱ．手で考えよう、Ⅲ．立場を替えて考えよう、です。これは本書の骨格です。常にこの三点に留意しながら、これまでに学んださまざまな方法を駆使して、個別の問題を書き出しながら分析してみましょう。

【ワーク33】 最後の問題になりました。重要な点ですから再度分析してみましょう。なぜ、夢・希望や目標は実現しにくいのでしょうか？　特にあなたの場合はどうでしょうか？　もちろん、正解は一つとは限りません。

■ 解答欄

　今回の問題点の解決は「クリティカルシンキングのポイント」を作成しても、なかなかうまくいかない可能性があります。アクション・プランを明確に立てて、できるだけ目立つところに貼るのがよいでしょう。

　なお、おそらく読者が一番見るところは、トイレの壁でしょう。それも一案です。ある受講生はMECEカードを、本当に携帯電話が鳴るときだけ現れる「待ち受け画像」に設定していました。読者のみなさんも自分らしい方法・対策を考えて実行してみてください。

　就活は学生にとって大きな問題です。「敵を知り、己を知れば、百戦危うからず」（孫子）と言います。就活は不安でしょう。普段から学生と接していると、そこはとてもよく分かります。

　クリティカルシンキングはさまざまな問題発見・問題解決に役立ちます。もちろん、就職問題を解決するためにも、就活そのものを進める上でも、クリティカルシンキングは使う人の味方です。この章の就活に限らずこれからもクリティカルシンキングをあなたの人生に十分に役立ててください。

■ 解　答　例 ■

1. ＊自己実現の場　＊社会的地位、信用　＊生涯給与の差　＊日常生活における安心感　＊社会人として労働・納税の義務を遂行　＊一人前になったという感覚
　　この例の他、さまざまな解答が考えられます。

2. ＊多くの自由時間　＊24時間、何の束縛もなく、全く自由に発言できること　この例の他、さまざまな解答が考えられます。

3. ＊私は、なぜ就職するのか？　＊私は、将来、何をやりたいのか？　＊職業選択においては、何が自分にとって譲れない点だろうか？　＊自分にとって妥協できる点は何だろうか？　＊就活に向けて、私は、今何をするべきか？　できることは、何だろうか？　＊　それは、SやAAの成績を取ることなのだろうか？　それは、自分にとって、将来にとって、人生にとってどんな意味があるのだろうか？
　　この例の他、さまざまな解答が考えられます。

4. ＊この応募者は、信頼できるか？　安心できるか？　＊この応募者と一緒に仕事をしたいか？　仲間にしたいか？　＊仕事への意欲はあるか？　＊長続きするか？　＊仕事はできるか？　＊この会社に向いているか？　等

5. 会社が欲しいと考える人材に一番近い人　＊能力の高さではなく、合格点を取った人　＊入社試験で測定される　等

6. 的確な戦略に基づき、的確な対策を立て、実行すればよい。そのためにクリティカルシンキングが役立つ。ただ、戦略もなく、ただ受験準備だけして、時間と労力を浪費するのは、無駄になる。なぜなら、それでは効率性が悪く、受からない（あるいは受かりにくい）からである。
　　この例の他にもさまざまな解答が考えられます。

7. ＊現実を分析し、問題を発見する力　＊問題を解決する力　＊話し方　＊情報を理解し、解釈する力　＊自己を客観視する力（長所、短所）　＊人格、人となり、人間性　＊口頭での説得力　＊文書を的確に書く力　等

8. 4．なぜなら、大手商社の総合職では、大学の学部や学科は問われないから。どの大学でも、共通して学ぶ科目は、おそらく英語と体育ぐらいだろう。しかし、英語も体育も、一般の大学で学ぶことは高校までにやってきたことと、大きく変わらないからなど。
　　この例の他にもさまざまな解答が考えられます。

9. ＊受験勉強をしていなかったから　＊ペーパーテストはよかったが、面接が悪かったから　＊運が悪かったから　＊当日の体調が悪かったから　等

10. **公務員試験と学校の授業**

	範囲・科目	学校で学ぶか？
筆記試験	論文、論理思考系	△
	時事問題	×
	英語	△
	一般教養	×
	専門	○
面接	面接	×

　　この例の他、さまざまな解答が考えられます。

11. ＊自分は社交性が欠如しているから　＊英語が全くできないから　＊人事部長が私を気にいっていな

いから　＊会社が私を必要としていないだろうから　＊能力が高くはないから　＊即戦力にならないから　＊経験が不足しているから　＊使える人材にまで育成するのにかなりのコストがかかるから　等
この例の他にもさまざまな解答が考えられます。
12. ＊就職しないで自分で仕事をする　＊就職のため、社交性を高める練習をする　＊社交性を必要としない仕事を探す　＊学校を卒業しないで、ずっと学生でいる　等いろいろな対策が考えられます。
13. ＊恥をかいてもいいから、積極的に人に話しかけるようにする　＊○○のアルバイトで積極的に人と関わることをあえて行う　等
14. 15. ここでは、筆者の答えでなく、あなた自身の答えが、すべて正解になります。
16. 新聞の社説を毎日熟読する。夜11時頃から長めのTVニュース番組を毎日視る　等
17. 例題16の解答例を参照。
18. ＊会社への貢献度、＊ボーナスの差異、＊社員の見る目　等
19. ＊「潜在能力」のあることを伝える。＊「実績」があることを伝える。以下の【解説】を参照。
20. なぜなら、それだけでは、会社が就活する人に求めている期待に応えていないから　等
21. 学力（偏差値・知識）は低いより高い方がよいと、考えていると推察する。なぜなら、学力（偏差値・知識）が高い人の方が仕事ができると、人事部長が考えていると思われるからである。どのような答えでも理由・根拠がしっかり述べられていれば、正解です。
22. 入社試験、特に面接試験においてどの分野も重要でしょう。しかし、多分「B」はとても重要になると筆者は考えています。なぜなら、「A」の力は個人差があまり目立たず気にならない、その上「A」の力の有無が問われる職業は少ないと考えられ、また「C」の力は履歴書やエントリーシートである程度は伝わるからです。

　「B」の力がとても重要とするならば、就職試験に合格するには入学試験の偏差値やレベルは大きな問題にはならないでしょう。学力が5段階評価で3に該当する人でも、自信をもって堂々と勝負ができることになるでしょう。

　なお「B」の分野において、学力（偏差値・知識）との相関（疑似相関）があるとしても、実際には第3変数（因子）が存在する可能性が高いと考えられます。それは、知的好奇心、考えることが好き、やる気、積極性、出席率などでしょう。第3変数については本書の解説を参照してください。
23. 解答例はすぐ下の解説を参照ください。
24. ①学力の高低が就職試験合格に大きく影響しているのであれば、グラフはⒶのように立ってくるから。
25. 好況期には、(1)就職試験は楽になり合格ラインは左下に下がります。(2)反対に不況期では、合格ラインは右上に上がります。バブル期を終え、リーマンショックによる金融危機以降、不況期になっています。
26. ＊学力を上げる（グラフでは右方向へ向かう）。＊就活クリシン力を上げる（グラフでは上方向へ向かう）。
27. （あなたの自身のことです。あなたの解答が全て正解です。）
28. **公務員試験の一般知能対策**

原因？	数的推理	判断推理	資料解釈		
計算力	▲	△	×		
ひらめき		×			
基礎的公式	OK	OK	問題あり		
その他					

問題発見・解決マトリックス（MECE）カードから分かること

＊計算力対策が必要

＊資料解釈対策が必要

29. 勉強時間

時間の確保について

MECEに分解	平日	土曜	日曜	夏休み
朝			2時間/日	
昼		4時間/日		4時間/日
夜		4時間/日		2時間/日
深夜	1H/日			

問題発見・解決マトリックス（上表）（MECEカード）から分かること

＊平日は深夜以外の時間は取れない　等。

各自で工夫して計画を立てましょう。

30. 公務員試験：過去問と授業の教科書（下の表）

過去問の分析

	分野Aの過去問出題	分野Bの過去問出題	分野Cの過去問出題	分野Dの過去問出題
T大学	80%以上	80%以上	80%以上	80%以上
K大学	40%以下	40%以下	40%以下	40%以下
TH大学				
K大学				
W大学				

問題発見・解決マトリックス（MECEカード）から分かること

＊難易度チェック

＊何を学習するかを選定。⇒T大学の教科書を入手。

（なお、最近は一部の大学を偏重することは、なくなってきているらしい。）

31. 試験の範囲：

適性試験：知能

入社試験：知能、知識

公務員試験：知能、知識、専門分野

　なおここでいう知識とは、ここでは覚えれば点数に結びつくものであり、知能とは覚えても点数にならないもののことです。つまり、知能とは、いわゆる「地頭」のことであり、暗記しても点数が上がらない分野です。知能とは、簡単にいえば考える力であり、論理的に考える能力つまり論理的思考能力、分析的思考能力といわれます。これが判断力・思考力・分析力・表現力であり、これが優れていると「地頭」がよいといわれます。これらを評価するべく、答えのない問題を解答する能力や、問題発見・解決能力に関する試験が行われています。ですから、クリティカルシンキングを学んで、是非これらの力を

つけてください。

別解例：

試験の範囲

	分野	一般分野		分野
	問われるのは？	知能	知識	専門
分類	適性試験	◎		
	入社試験	○	○	
	公務員試験	○	○	○

解答例と、別解例はどちらが見やすいですか？　おそらく、別解の方でしょう。自分で検討するのだから、見やすく書いてみよう。その方が、検討しやすく、よりよい答えを得やすくなります。

32. **分析する課題**

MECEに分解				

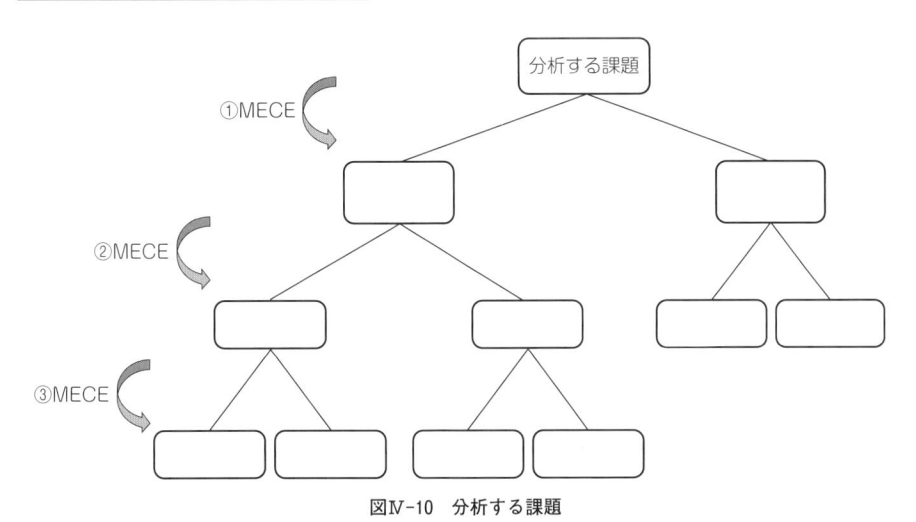

図Ⅳ-10　分析する課題

あなた自身のことです。あなたの書いたことが、正解となります。ヒントは「手で考える」、「分けると見えてくる」です。

33. ＊なかなか、実行できないから。＊本気でないから。＊三日ぼうずだから。

Ⅳ　就活をクリティカルシンキングしてみよう

〈注〉

0）第0章　はじめにのワーク0は、岡田寿彦（1991）論文って、どんなもんだい―考える受験生のための論文入門、p（ⅲ）、駿台文庫、の事例をもとに作成
1）、2）、3）、4）、6）第Ⅰ章の1．おかしな日本語、2．日常のなぜ―携帯撮影編、3．日常のなぜ―思考編、4．ニュースのなぜ、及び、5．仮説って何は、それぞれ若山昇（2009a）第7章　考えるための基礎、ライフデザイン演習Ⅰ・Ⅱ、帝京大学総合教育センターの若山執筆部分をもとに作成
5）第Ⅰ章　5．それってホント？　なぜ、本当？のワーク11は、Dettmer, H. William（2007）The Logical Thinking Process（p376）: *A Systems Approach to Complex Problem Solving*, Amer Society for Quality をもとに作成
7）第Ⅱ章の6．楽しい語録「一言、言ってよ、楽しい語録」は、若山昇（2011）「カンニング」の勧め、授業改善のための小さな実践(3)、教育学術新聞2011.04.20をもとに作成
8）第Ⅲ章の（11）焦らない、慌てない、諦めないのワーク42は、Wickelgren, Wayne（1974）Classification of Action Sequences（p55）, *A How to Solve Problems*, W. H. Freeman and Company をもとに作成
9）第Ⅲ章　3．推論の罠　応用問題のワーク46は、Zechmeister, Eugene B. et. al.（1992）Method of Agreement（p43）, *Critical Thinking: A Functional Approach*, Brooks Cole をもとに作成

〈引 用 文 献〉

Ennis, Robert H.（1993）Critical Thinking Assessment. *Theory into practice*, 32（3）: 179-186
グロービス・マネジメント・インスティテュート（2005）新版MBAクリティカルシンキング、ダイヤモンド社
Harvard Business School（1981）Assigning Managerial Talent AT ATT（A）Exhibit 4, Harvard Business School 9-482-035を参考に作成された資料を筆者が和訳
廣岡秀一、小川一美、元吉忠寛（2000）クリティカルシンキングに対する志向性の測定に関する探索的研究、三重大学教育学部研究紀要51：161-173
下前雄（2012）当社の目指す技術者像、株式会社ジーアンドエフの社内資料より、参考：http://www.gandf.co.jp/info/index.html（参照日2013.2.13）
時田昌瑞（2009）図説　ことわざ事典、東京書籍
若山昇（2009b）大学におけるクリティカルシンキング演習授業の効果、大学教育学会誌31(1)：145-153
財務省（2006）関税・外国為替等審議会関税分科会（18.9.13）議事録、http://www.mof.go.jp/about_mof/councils/customs_foreign_exchange/sub-of_customs/proceedings_customs/proceedings/kana180913.htm（参照日2013.02.13）

〈参 考 文 献〉

バジーニ，ジュリアン（2012）100の思考実験：あなたはどこまで考えられるか、紀伊國屋書店
フィッシャー，アレク（2006）クリティカル・シンキング入門、ナカニシヤ出版
グローバルタスクフォース（2006）通勤大学MBA〈3〉、グローバルタスクフォース

グロービス・マネジメント・インスティチュート（2005）新版 MBA クリティカル・シンキングダイヤモンド社
市川伸一（1997）考えることの科学、中央公論社
今井むつみ他（2012）新・人が学ぶということ―認知学習論からの視点、北樹出版
今井信行（2007）クリティカル・シンキングのポイントがわかる本、秀和システム
菊池聡（1995）不思議現象　なぜ信じるのか、北大路書房
楠見孝他（2011）批判的思考力を育む、有斐閣
教養の心理学を考える会（編）（2003）素朴な心のサイエンス、北大路書房
メルツォフ，ジュリアン（2006）クリティカルシンキング―研究論文篇、北大路書房
道田泰司（2005）クリティカル進化（シンカー）論、北大路書房
三森ゆりか（2011）イラスト版ロジカル・コミュニケーション、合同出版
ミント，バーバラ（2002）考える技術・書く技術、ダイヤモンド社
村上悟（2008）問題解決を「見える化」する本、中経出版
野矢茂樹（2008）論理トレーニング101題、産業図書
小川進（2009）3分でわかる　クリティカル・シンキングの基本、日本実業出版社
奥村隆（2008）自分の考えをまとめる技術、中経出版
ポール，リチャード（2003）クリティカル・シンキング　実践編「仕事」と「人生」を豊かにする技術、東洋経済新報社
ポール，リチャード（2003）クリティカル・シンキング―「思考」と「行動」を高める基礎講座、東洋経済新報社
齋藤嘉則（1997）問題解決プロフェッショナル、ダイヤモンド社
酒井浩二（2009）論理性を鍛えるレポートの書き方、ナカニシヤ出版
シック，T. ジュニア、菊池聡他（2004）クリティカルシンキング　不思議現象篇、北大路書房
渡辺健介（2007）世界一やさしい問題解決の授業、ダイヤモンド社
Weston, Anthony（2009）*A Rulebook for Arguments*, Hackett Pub Co Inc
山田ズーニー（2008）考えるシート、講談社
ゼックミスタ，E. B. 他（2007）クリティカルシンキング・入門篇、北大路書房
ゼックミスタ，E. B. 他（1997）クリティカルシンキング・実践篇、北大路書房

■■ クリティカルシンキングのポイント一覧 ■■

悪魔の証明、第3変数　89
焦らない、慌てない、諦めない（トリプルA）。　99
「一般化しすぎは許されない」　75
「いつも心に疑問の眼」（cf. いつも心に太陽を）　81
「覚えても、使えなければ、只の無駄」　52
「科学的な根拠はあるか？」　75
可視化すると、答えが見える。　44
仮説を立てることは、答えに至る必須条件。　51
完璧にないとは言えぬ、第3変数　89
「クリティカルシンキングのポイント」は、実践しながら身につけよう！　20
「サンプルは適切か？」　75
「じっくり、時間の許す限り、じっくり考える。」　102
手段は何？　目的は何？　と分析してみよう。　84
順序？　相関？　第3変数？　をチェックしよう。　89
「常識」だと思っても、疑ってみよう。　32〜35
「事例が、前提に合っているか？」　81
「前提は、あるの？　何なの？　合っているの？」　72
「前提は、適切か？」　72
その仮説は、妥当か、チェックしてみよう。　19
「それって、暗黙の前提があるの？」　70
「それって、前提、妥当ですか？」　72
「それって、なくても、結果は同じ？」　78
「それって、本質？　それともオマケ？」　78
「それって、ホント？　なぜ、本当？」と、問い続けよう。　12, 24, 31, 33, 34, 35, 46, 70, 89, 93
「それは、勝手な一般化かもしれない」　75
「それは、論理の省略かもしれない」　97
立場を替えて、考えてみよう。　32, 33, 115
「単なる迷信か？」　75
「直感に頼りすぎていないか？」と反省しよう。　93
常に疑問をもとう。　13, 17
どんなニュースにも興味や疑問をもとう。　22
「なぜ？」「どうして？」と考える習慣をつけよう。　13, 17
「なぜ？」と疑問を持とう。　28
「なぜ？」を何度も投げかけて、深く掘り下げてみよう。　28
「日常のなぜ」は、クリティカルシンキングの第一歩。　19

普段から興味・疑問をもって情報を得よう。　22
普段から、「日常のなぜ」を探してみよう！　19
「勉強はしすぎても、一般化はしすぎない」　75
「本質は何？」　78
「ホントにあるのか、可能性」　99
まずは、仮説を立ててみよう！　19, 51
まずは、自分で確かめよう。自分の知識を信じよう。　34, 35
まずは、手で考えよう。　44
冷静沈着、イソギンチャクに、考えてみよう。　84
「論理が飛んでいないか」　97
「分かった」⇨「解けた」⇨「使えた」とステージアップしよう。　42, 52
「分かった」は、クリティカルシンキングの第一歩。　42
分からなければ、少しおいて後で温めてみる。　102
分けると見えてくる！　59, 138
「んーーっ。チョット、マッタ！」と立ち止まろう。　12, 70, 81, 84, 89, 93, 97, 99

著者紹介

若山　昇（わかやま　のぼる）

京都大学卒業。グロービスマネジメントスクール。ヴァージニア大学ダーデンビジネススクールエグゼクティブコース。

通商産業省（行政官上級甲種）にて産業政策立案・実施に参画。UBS（スイス・ユニオン銀行）にて国際資本市場業務。米国格付会社S&P（スタンダード＆プアーズ）にて企業分析，評価，格付け業務。上場企業の顧問。NPO 一橋総合研究所 研究理事。グロービスマネジメントスクール教員を経て，現在，帝京大学法学部准教授でクリティカルシンキングの教鞭を執る。

主著「項目反応理論によるクリティカルシンキング測定のための尺度開発」教育テスト研究センター年報，第2号，2017
　　「クリティカルシンキングに対する志向性に関する検討」情報文化学会誌，23(2)，2016
　　「クリティカルシンキング教育の現状と課題 ―大学における授業実践者の視点から―」帝京大学ラーニングテクノロジー開発室年報，Vol11，2014
　　「授業改善のための小さな実践」教育学術新聞，2011
　　「大学におけるクリティカルシンキング演習授業の効果(2)」帝京法学27(1)，2011
　　「大学におけるICTを用いた遠隔試験の利便性と課題」帝京大学ラーニングテクノロジー開発室年報，Vol8．2011
　　「考えるための基礎」『ライフデザイン演習Ⅰ・Ⅱ』帝京大学総合教育センター，2009，共著
　　「大学におけるクリティカルシンキング演習授業の効果」大学教育学会誌31(1)，2009
　　『アジア連合』今日の話題社，2009，共著
　　「環境格付けの現状と課題」経営分析研究，22，2006
　　『円、元、消滅』ダイヤモンド社，2005，共著
　　『業界地図』高橋書店，2008-2012，共監

イラスト：河野夏季

誰でもわかるクリティカルシンキング──それって、ホント？

2013年6月1日　初版第1刷発行
2021年4月10日　初版第5刷発行

著　者　若山　昇
発行者　木村　慎也

定価はカバーに表示　　印刷　新灯印刷／製本　川島製本所

発行所　株式会社 北樹出版
〒153-0061　東京都目黒区中目黒1-2-6
URL：http://www.hokuju.jp
電話(03)3715-1525(代表)　FAX(03)5720-1488

© Noboru Wakayama 2013, Printed in Japan　　ISBN 978-4-7793-0374-6
（落丁・乱丁の場合はお取り替えします）